安顺彝族乡志

1952—2015

安顺彝族乡人民政府 编

四川大学出版社

特约编辑：王　茜
责任编辑：梁　平
责任校对：杜　彬
封面设计：卓尔文化
责任印制：王　炜

图书在版编目（CIP）数据

安顺彝族乡志：1952—2015 / 安顺彝族乡人民政府
编. —成都：四川大学出版社，2018.6
　ISBN 978−7−5690−2051−9

　Ⅰ．①安… 　Ⅱ．①安… 　Ⅲ．①彝族−乡镇−地方志−
石棉县−1952—2015 　Ⅳ．①K297.15

中国版本图书馆 CIP 数据核字（2018）第 152581 号

书　名	**安顺彝族乡志(1952—2015)**
	ANSHUN YIZU XIANGZHI (1952—2015)
编　者	安顺彝族乡人民政府
出　版	四川大学出版社
地　址	成都市一环路南一段24号（610065）
发　行	四川大学出版社
书　号	ISBN 978−7−5690−2051−9
印　刷	四川墨池印务有限公司
成品尺寸	185 mm×260 mm
印　张	13
字　数	273 千字
版　次	2018 年 11 月第 1 版
印　次	2018 年 11 月第 1 次印刷
定　价	160.00 元

◆ 读者邮购本书，请与本社发行科联系。
　电话:(028)85408408/ (028)85401670/
　(028)85408023　邮政编码:610065
◆ 本社图书如有印装质量问题，请
　寄回出版社调换。
◆ 网址:http://press.scu.edu.cn

《安顺彝族乡志（1952—2015）》编纂委员会

顾　　问：彭春雄

主　　任：宋　朝

执行主任：史　呷

成　　员：周万全　杨　弋　蒲　毅　谢　英　鲁　康

　　　　　李小康　杨　东　刘长明　刘晨希

主　　编：龚启宏

主编单位：安顺彝族乡人民政府

指导单位：石棉县地方志工作办公室

前　言

"乱世修典，盛世修志。"《安顺彝族乡志（1952—2015）》历经两载寒暑，现仅梓问世。它将为安顺的经济、社会、文化、旅游等发展起到强有力的推动作用，也为人们更好更快地了解安顺的发展历程提供基础性史料。此乃石棉县社会主义文化建设的又一重大成果。

安顺彝族乡位于贡嘎山南麓，大渡河中游南岸，临靠川云西线、川藏南线、京昆高速等交通要道，域内居住着汉、彝、藏等多民族居民，民族风情浓郁，历史文化深厚，自然风光秀丽。1863 年 5 月，太平天国翼王石达开在安顺场兵败，成为千古遗恨；1935 年 5 月，中国工农红军却在安顺场胜利强渡大渡河，为中国革命史书上增添了浓墨重彩的一页。安顺以"翼王悲剧地，红军胜利场"蜚声中外，是四川省历史文化名镇，也是全国首批 100 个红色旅游精品景区和精品线路之一，1996 年被正式命名为四川省爱国主义教育基地、全国中小学生 100 个爱国主义教育基地。2013 年 9 月，安顺成功建成国家 AAAA 级旅游景区。60 多年来，在县、乡党委政府的领导下，全乡各族人民同心同德，团结一致，努力奋斗，取得国家级荣誉 6 项、省级荣誉 21 项，政治、经济、文化事业蓬勃发展，社会和谐稳定，人民安居乐业。

"治天下者以史为鉴，治郡国者以志为鉴。"《安顺彝族乡志（1952—2015）》以党的十九大精神和习近平新时代中国特色社会主义思想为指导，坚持辩证唯物主义和历史唯物主义的立场、观点、方法，客观、系统、实事求是地记载安顺的自然、经济、政治、文化、社会等的发展历程和改革开放成果，以经济社会发展为主线，重点突出文化和旅游，做到科学性、地方性、实用性、可读性相统一，大力弘扬红军文化，激发爱国爱乡情怀，为探索中国特色新型城镇化发展经验、模式、道路提供了历史智慧和现实借鉴，其"存史、教化、资治"的意义和价值重大。

"以史为鉴，鉴古知今。"目前，县委、县政府确定以"参观凭吊、乡村休闲、度假旅游、生态观光旅游"为主的发展思路，以"红色旅游，休闲农业"为核心，把红色旅游与历史文化、生态农业观光、民族风情、特色产业等相结合，力争做大做强安顺旅游经济产业。《安顺彝族乡志（1952—2015）》将成为人们认识、了解、建设安顺的重要参考资料，将为安顺经济、社会等各行各业发展提供历史智慧和现实借鉴，发挥"存史、教化、资治"的作用，强力推动安顺经济社会更大发展与进步。

《安顺彝族乡志（1952—2015）》编纂委员会

凡　例

一、本志以马克思列宁主义、毛泽东思想、邓小平理论、"三个代表"重要思想、科学发展观和习近平新时代中国特色社会主义思想为指导，深入贯彻习近平总书记系列重要讲话精神，坚持辩证唯物主义和历史唯物主义的立场、观点和方法，客观、系统、实事求是地记述安顺彝族乡的发展变化进程和改革开放成果，弘扬红军文化，激发爱国爱乡情怀，为探索中国特色新型城镇化发展经验、模式、道路提供历史智慧和现实借鉴。

二、本志以中国地方志指导小组《地方志书质量规定》的要求为标准，在坚持志体的前提下，对体裁运用、篇目设置、资料选择等进行适当创新。详原志书之所略，以发展为主线，重点突出安顺文化和旅游，做到科学性、地方性、实用性、可读性相统一。

三、本志上限自1952年1月，下限至2015年12月，根据安顺彝族乡乡情适当上溯或下延，个别重大事项可延至搁笔。

四、本志记述1952年1月—2015年12月安顺彝族乡域内的自然、经济、政治、文化、社会等方面，重点突出文化和旅游。

五、本志采用横排分类，纵述史实，采用条目体例，依次设类目、分目、条目三个层次，编排上突出安顺文化、旅游等特色，做到时代特色和地方特色相结合。

六、本志综合运用述、记、志、图、传、录等各种体裁，志中随文配图，图下设文字说明，图照统一编号，以志、图为主，做到图文并茂。

七、本志除引用文字和艺文外，统一使用规范汉字及现代语体文记述，记事坚持秉笔直书，述而不作，寓观点于材料之中，行文力求朴实、严谨、流畅、优美，具有较强可读性。

八、本志人物设"名人与安顺"和"历史人物"两个分目。"名人与安顺"收录在政治、经济、文化、社会等方面有重大影响的著名人物以及他们在安顺的活动和对安顺发展所做的贡献，"历史人物"不论原籍客籍，都坚持生不立传，并只选录对安顺发展有重大影响的历史人物，不面面俱到。

九、本志中涉及的称谓、计量单位、纪年、数字、标点等，一律按国家相关规定的要求执行。数据一般采用县统计部门数据，无统计部门数据时则选用主管部门正式提供的数据。

十、本志编纂中的未尽事宜，均在"编后记"中予以说明。

安 顺 彝 族 乡 地 图

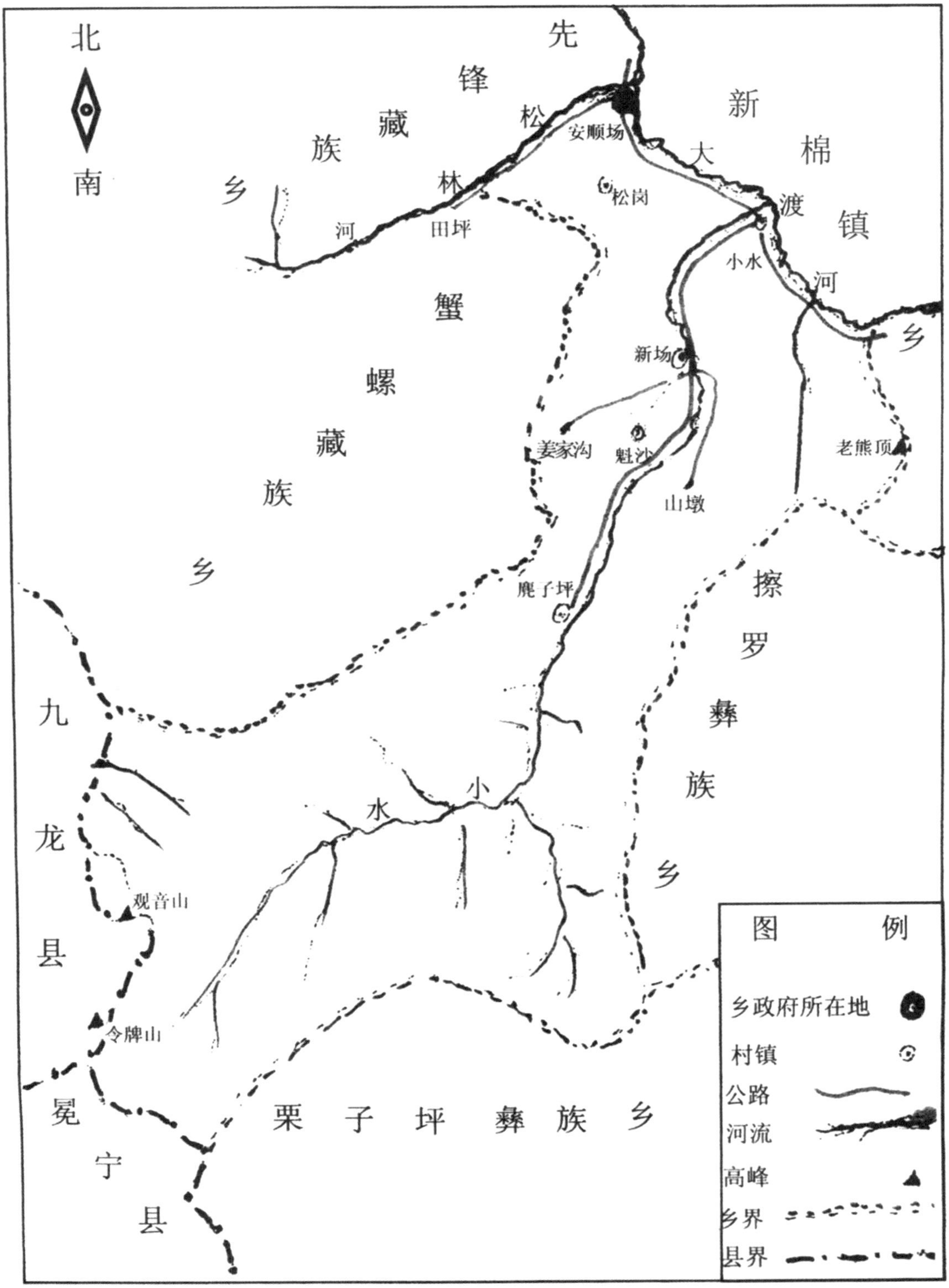

北

南

先

锋

松

藏

族

乡

河

田坪

安顺场

松岗

新

棉

镇

大

渡

小水

河

乡

蟹

螺

藏

族

乡

新场

姜家沟

魁沙

老熊顶

山墩

擦

罗

彝

族

鹿子坪

九

龙

县

观音山

水

小

乡

令牌山

冕

宁

县

栗 子 坪 彝 族 乡

图 例

乡政府所在地

村镇

公路

河流

高峰

乡界

县界

安顺集镇全景

C目录
atalog

C目录
Catalog

目录
Catalog

C目录
atalog

目 录
Catalog

C目录
atalog

目录
Catalog

C 目录
atalog

目录
Catalog

概　述

　　安顺彝族乡地处四川西南部大渡河上游，石棉县西南方。地理坐标为东经102°16′，北纬29°16′。南北最大纵距17.7公里，东西最大横距11公里，面积195.9平方公里，海拔780～5366米。东临新棉镇并隔大渡河相望，南接擦罗彝族乡、栗子坪彝族乡，西连甘孜州九龙县，北靠蟹螺藏族乡，并与先锋藏族乡隔松林河相望。乡政府所在地安顺村，距石棉县城11.5公里。

　　安顺场原名叫紫打地，在尔苏藏语中意为"适合种植蔬菜之地"。光绪二十八年（1902）7月2日，紫打地被洪水冲毁，越西厅划中坝重建新场，取祭文中"山镇久安，河流顺轨"之语定名为安顺场。民国31年（1942）推行新县制，改联保为乡镇，安顺联保改为安顺乡，为越西县西路河道七场之首，属越西县第五区安顺乡，隶属越西县直至解放。1950年3月安顺解放，隶属地及乡建制沿袭旧制。1951年6月，石棉建

安顺场牌坊

县后，安顺乡属西康省雅安专区石棉县。1955年10月西康省并入四川省，安顺乡属四川省雅安专区石棉县回隆区。1985年7月6日经省政府批准为安顺彝族乡。2000年雅安撤地建市，安顺彝族乡属雅安市石棉县。2015年，全乡辖安顺、小水、新场、魁沙、麂子坪、松岗6个行政村47个村民小组，有汉、彝、藏3个民族，总人口3188户9297人。其中，少数民族4085人，占全乡人口的43.94%，民族风情浓郁。历史文化深厚，以"翼王悲剧地，红军胜利场"而蜚声中外。

境内地层由新生界第四系、古生界泥盆系、中生界三叠系等组成；地质构造主要有田湾—田坪—派斯哥滴大断层、磨西—擦罗断层、海尔洼断层、安顺场—公益海断层等四大断层组成；地貌在形态上主要由高山、中山、河谷平坝三个部分组成，以中山为主，高山及河谷平坝次之，多为高山峡谷地貌，地势总趋向为南高北低；气候属以中纬度亚热带季风气候为基带的山地气候，具有冬春干旱无严寒、夏秋多雨无酷热的特点；年均气温16.7℃，无霜期平均326日，生长期359.7日，活动积温5465.7℃，生长积温6215.2℃，年均降水量1272.4毫米；境内资源丰富，有林地面积9297.19公顷，活立木蓄积量56.36万立方米，优势树种植物20多种，森林覆盖率78.6%，有草地面积8.25万亩，耕地面积4593亩；野生动物有大熊猫等Ⅰ级重点保护动物7种，小熊猫等Ⅱ级重点保护动物8种；矿产资源有石棉矿、硅石矿、铅锌矿等10余种；河流有大渡河、松林河、小水河、翻身沟4条河流，水能资源丰富（已开发10.2万千瓦），自然风光秀丽。

大渡河（安顺场）晨雾

1951—2015年，全乡经济持续快速发展。农业经历了土地改革、少数民族民主改革、初级农业合作社、高级农业合作社、人民公社、家庭联产承包责任制六个阶段，在全乡废除了奴隶制度、封建土地所有制，实现了耕者有其田，农民真正当家做主。尤其是实行生产责任制以后，极大地提高了农民的生产积极性，全乡农业经济得到快

安宁湖藏彝新寨

速发展，从以种植水稻、小麦、玉米为主，逐步调整为农、林、牧、副、渔业等全面发展，粮经比例得到调整。2000—2015年，全乡调整为以发展水果和干果、反季蔬菜为主的特色农业。至2015年已发展黄果柑1820亩、枇杷700亩、核桃8800亩、板栗3000亩、花椒200亩、药材150亩。2011年，枇杷获得国家颁发的"农产品地理标志登记证""世界枇杷栽培种原产地""中国晚熟优质枇杷生产基地""中国野生枇杷资源保护特别贡献奖""中华名果"等称号，黄果柑、核桃获得国家"地理标志""地理商标"商标注册证。2015年，农业总产值7949.7万元，分别比1952年的77.9万元、1970年的115万元、1980年的149.67万元、1990年的417.2万元、2000年的1066.5万元、2010年的3016万元增长101倍、68.12倍、52倍、18倍、6.45倍、1.63倍。农民人均纯收入9301元，分别比1981年的90.16元、2000年的1836元增长102.16倍、4.07倍；建成安顺、新场等7个新村，新建民居394户，新农村人口4641人，3个村获得全省优美乡村称号。1952—1978年，全乡工业以多种厂矿、作坊为主，属集体所有制；1979—2000年，以能源、原材料、消费品工业为主，以集体所有制为主，个体私有企业为辅；2001—2015年以能源、原材料、加工业为主，主要以个体私营企业为主。2015年，全乡有电站30座，总装机10.2万千瓦；有加工企业21家，工业总产值9.18亿元，分别比1952年的0.1万元、1985年的58.92万元、2000年的8705万元、2010年的3.24

亿元增长90.8万倍、1557.43倍、9.55倍、1.84倍，工业经济快速发展，从1952年占农业总产值的0.13%，到1995年占工农业生产总产值的60.5%，增长60.37%，第一次超过农业比重，成为全

小水工业集中区一角

乡经济支柱，2000年占工农业总产值的89.1%，2015年占工农业总产值的91%。

制定《安顺场历史文化旅游区总体规划》和《安顺场修建性详细规划》，以弘扬红军长征文化、创建山水阳光休闲旅游集镇为核心，加快集镇民房、街道、广场、大道、供水等基础设施建设，景区面积从0.31平方公里扩大到2.5平方公里，建成生态农业观光园区、古场镇区、红军渡、红军强渡大渡河纪念馆、红军强渡大渡河纪念碑、红军强渡大渡河指挥楼、机枪阵地遗址、红军标语墙、毛泽东旧居、赖家大院等景点，并形成爱国主义教育、农业观光、古镇休闲、翼王文化体验等4条旅游线路，培育和发展观光休闲旅游、乡土文化体验、民间工艺技术体验、农家农事参与等乡村特色文化旅游产业，集吃、住、行、游、购、娱乐休闲、体验、运动等于一体。现有大中型农家乐12家、客栈60家、餐馆26家、茶楼12家、土特产经营户11家、大渡河奇石经营户5家、便民服务店29家、自行车租赁6家，服务和接待的能力大幅度提升。开发出草科鸡、草科腊肉、坛坛肉、黄果柑、枇杷、老鹰茶、核桃油、八月瓜、玉石、大渡河奇石等一系列有特色的地方旅游产品。开展面点师、厨师、刺绣、人力资源、农业、就业、接待礼仪等培训162期，培训人员1.48万人次，培育有文化、懂技术、会经营的新型农民，提高农民的综合素质；在全市率先成立集镇管理和保洁队伍，实现集镇管理专业化、常态化，集镇管理和经营水平不断提高；开展四川省花卉果类生态旅游节暨石棉县黄果柑节，首届中国四川大熊猫国际生态旅游节，"5·25"中国工农红军强渡大渡河胜利等大型纪念活动20余次，举办篝火晚会45场、旅游志愿者服务活动200多次，发文明旅游及诚信经营倡议书6万多份。2013年，国家AAAA级景区的建

成，拉动了安顺旅游产业的快速发展，安顺场景区已建成集爱国主义教育、生态观光、阳光休闲、民俗体验、文化博览等为一体的综合性旅游发展区域。2015年，安顺实现旅游收入1625万元，接待游客80万人次，分别比2000年的50万元、1.15万人次，2010年的280万元、17.8万人次增长31.5倍、68.57倍和4.80倍、3.49倍。

安顺场八一希望小学

60多年来，安顺乡社会事业和谐发展，并取得巨大成就。2015年，全乡人口3188户，9297人，比1952年的532户2271人、1978年的1107户4983人、2000年的1868户6020人分别增长5倍、3.09倍，1.88倍、0.87倍，0.71倍、0.54倍。1958—1962年，连续5年人口出现负增长，1963—2015年，连续53年人口出现不同幅度地增长，总体呈上升趋势。汉族人口增长幅度平稳，增幅不大；少数民族人口增长迅速，增长幅度大，民族人口数量差逐步缩小。人口分布主要为大渡河南岸和小水河两岸谷地居住密集，中山地区人口居住较疏，高山地区人口居住稀少。计划生育率为98.1%，比2000年的98.53减少0.43个百分点；人口自然增长率为5.86‰，比2000年的0.34‰增长2.6‰。人口数量得到有效控制，人口质量不断提高，基本做到全乡人口增长同经济、社会发展相协调，为全乡改革开放、经济快速发展及社会各项事业发展提供了良好适度的人口环境。有学校4所，在校学生830人，比1952年的452人、1962年313人、1985年的631人、2000年的623人分别增长0.84倍、1.65倍、0.32倍、0.33倍。教学用房8217平方米，比2000年的3786平方米增长2.17倍，比2000年的1320平方米增长0.74倍。学校教学设施得到进一步改善，教学质量不断提高，教育事业得到快速发

全国重点文物保护单位：红军强渡大渡河遗址

展。有乡卫生院、村卫生室7所，床位10个，医疗用房2297平方米，医院医疗设备设施不断改进，医疗卫生条件不断得到改善，人们看病更加方便，群众卫生意识不断增强。有文化站1个，村文化室6个，公共文化设施建筑面积1140平方米，室外文化活动场地7430平方米，藏书量6.7万余册，分别比1982年的64平方米、860平方米、3000余册增长16.8倍、7.64倍、21.33倍。1983—2015年，组织文化活动297场，文化站免费开放1.97万天，接待借阅人员61.64万人次。组织文艺工作者创作文艺作品2470件，

纪念中国工农红军强渡大渡河胜利80周年

真实地反映了安顺场的变迁，大力弘扬红军精神，先后获得省级示范乡镇综合文化站、全国优秀文化馆站称号。电视用户 3188 户，分别比 1985 年的 31 户、2000 年的 1400 户增长 102.84 倍、2.27 倍。广播电视村通播率 100%，入户率 100%，综合人口覆盖率 100%。有体育活动场地 11 个，健身场 8 处，面积 1.67 万平方米，比 2000 年的 1115.9 平方米增长 14.97 倍，人均达 1.8 平方米，比全国人均体育面积占地 1.4 平方米多 0.4 平方米。体育健身器材 64 套，组织群众参加各种体育活动 67 场，常态化开展广场健身舞和广场表演活动 1825 次，参加人数 4.24 万人次，人们参与体育锻炼的意识进一步提高，基本满足了全乡人民的体育活动。加大集镇建设，投资 3.2 亿元，完成集镇基础设施、服务设施、民房等建设，集镇规划、建设、管理和经营水平不断提升，安居、教育、医疗、公共卫生、健身、文化、娱乐、绿化、美化、亮化等配套基础设施更加完善合理，集镇面貌焕然一新；完成龙头石库区移民安置，建房 14.11 万平方米，安置移民 270 户 809 人；完成"5·12"汶川特大地震、"6·18"石棉地震、"4·20"芦山强烈地震灾后恢复重建，实现党中央、国务院、省委、省政府提出的重建目标任务。全乡基础设施更加完善，环境更加优美，人民生活水平得到进一步提高，呈现出人民安居乐业，乡村欣欣向荣、团结和谐的景象。

60 多年来，全乡先后获得全国人文社会科学普及基地、全国重点文物保护单位、全国爱国主义教育示范基地、国家级 AAAA 旅游景区、全国文明村镇、全国卫生乡镇等 10 余项国家级荣誉称号和四川省历史文化名镇、四川省城乡环境综合治理环境优美示范乡、四川省民族团结进步创建活动示范乡镇、四川省优秀青少年

获"全国重点文物保护单位"荣誉

爱国主义教育基地、四川省乡村旅游特色乡镇、四川省生态示范乡、四川省中共党史教育基地等 30 余项省级荣誉称号。

基本乡情

区　位

【自然地理区位】　　安顺位于四川西南部大渡河上游，石棉县西南方，东临新棉镇并隔大渡河相望，南接擦罗彝族乡、栗子坪彝族乡，西连甘孜州九龙县，北靠蟹螺藏族乡，并与先锋藏族乡隔松林河相望。乡境南北长17.7公里，东西宽11公里，辖区面积195.9平方公里。地理坐标为东经102°16′，北纬29°16′。乡政府所在地安顺村，海拔887米，距县城11.5公里。

安顺场国家级AAAA景区

【交通地理区位】　　乡境内有国道549线、县道石安路、乡道擦安路。通过国道549线可到蟹螺乡、甘孜州九龙县，通往甘孜稻城亚丁；通过县道石安路可直达石棉县城，与京昆高速、国道108线连接；通过乡道擦安路可达擦罗彝族乡，并与国道108线连接；通过先新路可达新民藏族彝族乡、挖角彝族藏族乡，与省道S211线连接；通过安顺码头渡大渡河到达新棉镇安靖村，与省道S211线连接。全乡形成以石安、擦安路等为骨架，乡村组为网络的公路网，6个村村村通公路，通达率100%，通畅率100%，人们出行方便快捷。

建　置

【乡名由来】　原名叫紫打地，是尔苏藏族语，意思是"适合种植蔬菜之地"，位于松林河流入大渡河入口处。清朝乾隆年间，采金村民常集于此，日中为市。嘉庆时聚众益多，初名太平场，为河道七场之首。光绪二十八年（1902）7月2日，紫打地被洪水冲毁，淹死人丁千余口，越西厅同知孙锵亲临视察遥祭，划中坝重建新场，并认为"迁地宜良，语取吉祥，万事应逢凶化吉，舍旧图新，愿上天保佑新场，长同磐石之安，永保流行之顺"，又根据"义恤祠"祭文中有"山镇久安，河流顺轨"之语取名为安顺场。民国31年（1942）推行新县制，改联保为乡（镇），安顺联保改为安顺乡，乡名由此得来。

【历史沿革】　夏及以前，《禹贡》载天下为九州，安顺属"梁州之域"；商、周时期，《尚书·牧誓》载"武王伐纣，八国从之"，县域当属八个小方国的"髳"，安顺属之；战国秦时期，县域当为丹黎（丹犁）地，安顺属之；西汉（前260—24）、秦末属筰都侯国；建元六年（前135）属蜀；元朔三年（前126），隶属阙如；元鼎六年（前111）置沈黎郡，领牦牛县，隶属牦牛县属地；天汉四年（前97），为徼外羌地，为牦牛所主；东汉（25—220）延光元年（122）为蜀郡属国都尉之地；顺常仕嘉二年（133），以蜀郡属国地置汉嘉郡，属汉嘉郡之地；三国蜀汉（220—263），章武三年（223），越西叟高定元杀郡将军焦璜，举郡称王以判，安顺为高定元所据；魏正始二年（240），越西"蛮夷"判汉，杀太守龚录，寄治安定县，去郡八百里，以张疑为越西太守，复还归治，归隶越西郡终蜀汉之世；西晋（265—317）沿蜀汉建制，牦牛县属益州汉嘉郡，属越西县郡邛都县；成汉（303—347），属沈黎部；东晋（317—420）属益州；刘宋（420—479），隶属沈黎郡兰二县；北周（557—581），属黎州邛部县；隋（581—618），属越西县邛部县；唐（618—907），属南诏之地；后蜀（934—964）为终五代之世为南诏所据；宋（960—1279）为南诏占有，后为大理之地；元（1279—1368），初属黎州长官司，中统五年（1264）属邛部州安抚招讨使司，至元十年（1273）随招讨司割属罗罗斯宣尉司，至元二十一年（1284），改邛部州安抚司为邛部州，隶建昌路；明（1368—1644）洪武四年（1371）7月，明灭大夏，明沿元制置黎州长官司，洪武十五年（1382），元土司岭真伯归附明朝，其所属宁番卫以北迄大渡河所

置"阁"，划属邛部长官司，改隶越西卫至明亡；清（1644—1911）时属松林土千户之地；民国沿袭清制，县下辖乡、团，行团甲制，属越西县第七区安顺团；民国16年（1927），废松林地土都司，属越西县第七区安顺团；民国25年（1936）废团甲制行联保制，属越西县第七区安顺联保，下辖8保83甲；民国31年（1942）实行新县制，改联保为乡，属越西县第七区安顺乡直至解放；1950年3月安顺解放，隶属地及乡建制沿袭旧制；1951年2月，越西县将旧第七区改为第五区，将安顺乡划分为安顺、田湾2乡；1951年6月划归石棉县，1951年12月，石棉县向中央人民政府政务院申报3区13乡，将安顺乡划分为安顺、先锋、新民3乡，安顺隶属石棉县第三区；1952年4月调整为5区20乡，安顺乡属第三区，1952年8月，将5区20乡调整为4区18乡，安顺乡属第二区；1956年4月调整为3区16乡，安顺乡属回隆区。

【辖区变迁】　民国16年（1927）废除松林地土都司，置越西县安顺联保，实行保甲制度，有8保83甲。第一保，安顺场（小水、新油房是副保）；第二保，喜乐场（又名新场）；第三保，仙凤坡；第四保，扁水；第五保，海尔洼；第六保，大小马厂；第七保，田湾场；第八保，大坭草科。辖现安顺、蟹螺、先锋、新民、田湾、草科等乡。民国31年（1942）推行新县制，改联保为乡镇，安顺联保改为安顺乡。1951年2月，越西县将旧第七区改为第五区，将安顺乡划分为安顺、田湾两乡，安顺乡辖区为现安顺、蟹螺、先锋、新民等四乡之地。1951年6月，西康省人民政府将雅安专区的汉源县第四区美罗乡、丰乐乡和西昌专区的第五区安顺乡、回隆乡、田湾乡划出组建石棉县，1951年12月，将安顺乡划成安顺、先锋、新民3乡，属西康省雅安专区石棉县第三区；1955年10月1日，石棉县随同西康省并入四川省，为四川省雅安专区石棉县回隆区。1958年9月，先锋乡并入安顺乡，成立安顺人民公社（辖现先锋、安顺两乡之地），1962年5月从安顺公社划出先锋乡原有辖区成立先锋人民公社，辖区由此固定。1951年12月成立安顺乡人民政府，1956年4月更名为安顺乡人民委员会。1958年9月成立安顺人民公社，1967年4月3日—1968年4月4日，成立安顺人民公社生产委员会，4月5日—10月28日改名为安顺人民公社生产指挥部。1968年11月12日，成立安顺人民公社革命委员会。1984年3月取消安顺人民公社建置，恢复安顺乡人民政府，改大队为村、生产队为组。1985年7月6日经四川省人民政府批准，成立安顺彝族乡。1986年3月6日，安顺乡第九届人民代表大会第一次会议将安顺乡改名为安顺彝族乡，并成立安顺彝族乡人民政府，属四川省雅安地区石棉县。2000年，雅安撤地建市，安顺彝族乡（以下简称安顺乡）属雅安市石棉县。

【所辖村落】　民国时期，越西县安顺乡有8保83甲；1942年有1064户，1949年有1033户5068人，辖区包括现安顺、蟹螺、先锋、新民、田湾、草科6乡；1951年2月，越西县人民政府将安顺乡划分为安顺、田湾2乡，安顺乡所辖自然村有安顺、小水、新场、山墩、竹林坪、魁沙、大湾、麂子坪、松林、共和、出路、解放、大坪、农乡、海尔、太坪、大马、小马、双坪、团结、海子、足富、蟹螺、新乐等24村；1951年12月，将安顺乡划分为安顺、先锋、新民3乡，安顺乡所辖自然村有安顺、小水、新场、山墩、竹林坪、魁沙、大湾、麂子坪8个；1958年10月2日，安顺、先锋合并成立安顺人民公社，直至1962年有安顺、小水、新场、魁沙、麂子坪、大湾、松林、共和、出路、解放、大坪11个大队；1962年5月划出先锋原有辖区，恢复先锋人民公社，安顺人民公社有安顺、小水、新场、魁沙、麂子坪、大湾6个大队35个生产队；1984年3月，恢复安顺乡，改大队为村、生产队为组，有安顺、小水、新场、魁沙、麂子坪、松岗6个村41个村民小组；2000年辖安顺、小水、新场、魁沙、麂子坪、松岗6个村41个村民小组；2015年辖安顺、小水、新场、魁沙、麂子坪、松岗6个村47个村民小组，有3188户9297人，其中汉族5212人，少数民族4085人。

安顺村： 1952年建村，以驻地安顺场取名安顺村，距县城11公里，位于石棉县城西部，是乡政府和安顺场旅游景区所在地，辖区面积5.31平方公里，海拔887米。耕地面积692亩，林地1468亩。2015年辖10个村民小组，有

安顺村一角

1034户2851人，其中汉族2194人、彝族218人、藏族437人、土家族2人，少数民族占总人口的23.05%。安顺场旅游景区是国家AAAA级旅游景区，以"翼王悲剧地，红军胜利场"而蜚声中外，以发展乡村相融的红色旅游文化、打造全国红色旅游精品品牌为主，安顺村曾获得"全国绿色小康示范村""四川生态文明示范村""中国最有魅力休闲村""中国乡村旅游示范村""四川省十大最美乡村""四川省乡村旅游示范村""四川省城乡环境综合治理环境优美示范村""四川省卫生示范试点村""四川省农村文化培育示范村"等荣誉称号。2015年，农民人均纯收入9710元。

小水村： 1952年建村，因有小水河流经，取名小水村，位于石棉县城西部，乡政府东北部，北临大渡河，属河谷地，呈东西狭长状，距县城6公里，距乡政府5公里，

辖区面积12.82平方公里，平均海拔840米，2015年耕地529.2亩，其中田398亩、地131.2亩；林地面积1.38万亩。2015年，辖8个村民小组，共714户1766人，其中汉族1610人、彝族79人、藏族77

小水村一角

人，少数民族占总人口8.83%。小水村以种植黄果柑、劳务输出为主导产业，获得"四川省环境优美示范村""四川省卫生村""四川省幸福美丽乡村"等荣誉称号。2015年，农民人均纯收入9648元。

新场村：1952年建村，以驻地新场取名新场村，位于石棉县城西南方向，小水河流域中游，距乡政府14公里，距县城15公里，辖区面积22.4平方公里，平均海拔高度1450米。耕地面积973亩，其中田315亩、地658亩；林地面积2.22万亩。地形地貌以低山河谷和中高山为主。2015年辖9个村民小组，585户1790人，其中汉族992人、彝族649人、藏族149人，少数民族占总人口44.58%。新场村以劳务输出和特色农业种植为主，盛产枇杷、核桃、板栗、反季节蔬菜等特色农产品，境内有企业13家。新场村历史文化资源丰富，是革命老区红色旅游环线的覆盖区。民国时期，新场老街是越西县河道七场之一。1935年5月，中央红军从此经过。现有百年历史大佛一座、红军文化遗址和彝族特色文化街。全村环境优美，设施齐备，特色鲜明，生活文

新场村一角

明，获得"四川省环境优美示范村""四川省幸福美丽乡村""四川省卫生村"等荣誉称号。2015年，农民人均纯收入9657元。

魁沙村一角

魁沙村：1952年建村，以驻地魁沙取名魁沙村，位于石棉县城西南部，小水河流域中游，以高山为主，平均海拔高度1460米，距县城13公里，距乡政府12公里。全村有5个村民小组，共235户745人，其中汉族224人、彝族311人、藏族207人，少数民族人口占总人口约49.72%。辖区面积14.26平方公里，有耕地580亩，其中田66亩、地541亩；林地2.11万亩。以农业劳务输出为主导产业，盛产核桃、枇杷。2015年农民人均纯收入8234元。

麂子坪村：1952年建村，因境内有麂子取名麂子坪村，位于石棉县城西南，小水河流域上游，以中高山、低山河谷为主，辖区面积55.66平方公里，平均海拔1520米。2015年辖10个村民小组，454户1675人，是全县最大的纯彝族村，其中汉族1人、彝族1645人，藏族29人，少数民族人口占总人口的99.9%。驻村企业有25家，主要经济来源以种植玉米、马铃薯、反季节蔬菜，饲养牛羊、草科鸡及劳务输出等为主。

麂子坪村一角

2015年，农民人均纯收入8123元。

松岗村： 1952年建村，原名大湾村，1981年地名普查，为避免重名，因本村山上松树较多，更名为松岗村，位于石棉县城西部，地处乡政府背后山上，以中高山为主，辖区

松岗村一角

面积3.91平方公里，耕地面积476.3亩，林地面积3898亩，平均海拔高度1420米，距县城17公里，距乡政府6公里。2015年辖4个村民小组，166户470人，其中汉族186人、彝族258人、藏族24人，少数民族人口占全村人口60.4%。主要产业为种植玉米、蔬菜，养殖草科鸡、生猪等，盛产核桃、黄果柑、蔬菜。该村还保留当年翼王石达开逃难时所住的碉堡、窑洞及当时做饭用的灶台。2015年，农民人均纯收入8597元。

自然地理

【地层地貌】

地层： 境内地层主要由新生界地层第四系河湖粗粉砂岩、砂质黏土页岩及砂砾岩，古生界泥盆系喷出岩中的流纹斑岩、霏细斑岩，沉积岩中的砂砾岩、硅质白云大理石岩、白云大理石夹砂岩、块层状细晶大理岩，中生界三叠系岩浆岩组成。

地质： 境内地质构造主要有田湾—田坪—派斯哥滴大断裂：北接鲜水河断裂，由田湾入境，经蟹螺田坪、安顺的麂子坪、栗子坪的派斯哥滴出县境至冕宁县接安宁河大断裂，在石棉县的一段称磨西—擦罗断层。海尔洼断层：大断裂的分支，北起泸定县磨西镇，过田湾河后，向东南经海尔洼至安顺场。安顺场—公益海断层：自安顺场经擦罗至公益海。石棉—马前门断层：在安顺场南接公益海断层，向东南到甘洛县海棠。

地貌： 境内地貌在形态上主要由高山、中山、河谷平坝三个部分组成，以中山为

主，高山及河谷平坝次之。高山有地宝洞峰、观音山、大白楼山，极高山有令牌山，中山主要有后背山、已子赖捷峰、西冲山、十大鼓山、热窝山、老熊顶、耳子山，河谷平坝主要有由松林河形成的中坝、下坝洪积扇。全乡多为高山峡谷形地貌，地势总趋向为南高北低。

【气候环境】

气候特征： 乡境内为以亚热带季风气候为基带的山地气候。地形上，除地势高低悬殊外，大渡河、松林河、小水河对水汽来源和风向、风速的影响很大。在大气环流上，夏、秋季受太平洋副热带高气压形成的夏季风控制，冬季受绕喜马拉雅山麓横断山谷干暖西区制约，春季受青藏高压及西伯利亚高压的影响。其特征：平均温度偏高的亚热带季风气候为基带的山地气候，平均降水量偏少的季风气候；夏雨集中，多夜雨，少暴雨，无秋绵雨；冬春干燥，山风强烈，夏秋多雨，无酷暑；气温随高度增加变低，降水随高度增加增大，变化显著。

气温与地温： 气温偏高，时间变幅小，空间变幅大，地表与气温变化同步，年均气温16.7℃，无霜期平均326日，生长期359.7日，活动积温5465.7℃，生长积温6215.2℃。

降水与蒸发： 降水量偏少，蒸发量大于降水量，春季尤盛；降水量年际变化小，年内变化大；多夜雨，少暴雨，无秋绵雨；降水量空间随高度变化，年平均降水量为1272.4毫米，蒸发量为1573.9毫米。

气压与风： 气压一般随高度升高而按指数律递减，冬季比夏季气压高；风主要受季风和地形的影响，夏季风主要是沿大渡河谷进入的东北风，频率占全年的27%；冬季风来自泸定方向的大渡河河谷，以北风为主，占全年频率的12%，静风占28%。由于山高谷深，山顶与谷底昼夜温差的变化大，境内山谷和风向环流显著，白天由山谷吹向山顶，夜晚由山顶吹向山谷，形成垂直对流的风向，风速为年均2.51米/秒。

湿度与日照： 相对湿度平均为69%，与年降水量偏少是一致的。相对湿度的年内变化为冬季59.33%、春季61.66%、夏季77.33%、秋季76.33%，与冬干、春旱、夏多、秋少的四季降水规律一致，因此相对湿度主要受降水的影响。日照与降水量和相对湿度关系密切：降水量多，相对湿度大的地方，云量多，日照少，相反则日照多。日照受地形的影响，由于全乡地形处于高山深谷，每日日照减少近1小时。日照还受太阳高度角的影响，冬季因太阳高度角最小，白昼短，日照时数减少；夏季因太阳高度角最大，白昼长，降水量多，云量多，日照时数也较多。

【山岭山峰】 安顺的山岭山峰主要有11座。极高山：海拔5366米的令牌山。高山：观音山、地宝洞峰、大白楼山。中山：后背山、已子赖捷峰、西冲山、十大鼓山、热窝山、老熊顶、耳子山。

令牌山：海拔5366米。位于安顺彝族乡西南端，介于安顺乡与九龙县之间，因山貌似方凳，得名令牌山。

观音山：海拔4668米。安顺彝族乡与蟹螺藏族乡的界山。位于安顺彝族乡西北方。此山形如观音打坐，故取名观音山。

地宝洞峰：海拔3742米。安顺彝族乡与蟹螺藏族乡的界山。西南距观音山7公里，与观音山同为小水河与松林河的分水岭。

大白楼山：海拔3827米。介于观音山和地宝洞峰之间。

后背山：海拔2279米。在蟹螺藏族乡大坪村后背，是蟹螺藏族乡与安顺彝族乡的界山，蟹螺河与小水河的分水岭。

已子赖捷峰：海拔3376.3米。栗子坪彝族乡与安顺彝族乡、擦罗彝族乡的界山。山峰北面与西冲山之间有垭口，已子赖捷即彝语"垭口"之意。

西冲山：海拔3361米。南距已子赖捷峰约1公里，安顺彝族乡与擦罗彝族乡界山，东麓为栗子坪彝族乡西冲村，故名西冲山。

十大鼓山：海拔3017米。南距西冲山约5公里，安顺彝族乡与擦罗彝族乡界山。南北共有十个山峰排列，形如十大鼓，故名十大鼓山。

热窝山：海拔2551米。在老梨包之北1.5公里处，安顺彝族乡与擦罗彝族乡界山。

老熊顶：海拔2266.8米。在亮亮山之北1.5公里处，新棉镇西南与安顺乡交界处。以往有老熊出没，故名老熊顶。

耳子山：海拔2131米。在老熊顶西北1.5公里处，新棉镇与安顺彝族乡界山。因山上产木耳，故名耳子山。

大包山：海拔1810米。前山属小水村，后山属新场村，是卡落沟与小水河的分水岭。

【河流】　安顺乡境内河流主要有大渡河、松林河、小水河、翻身沟等。

大渡河：大渡河西汉以前称沫水，西汉曾有涐水之称，隋朝改称大渡水，北宋时，随着大水改称江、河，从此改称大渡河。

大渡河发源于青海省巴颜喀拉山东段久治县哇尔依（白玉寺）以北50公里的山谷中，源头距黄河干流仅12公里，主源马柯河，在班玛县纳入众多支流后称麻尔柯河，东南流过210公里在达因朵进入四川阿坝县，东南流纳柯柯河后称足木足河，南流经马尔康西部白湾汇入多柯河后改称大金川。在金川南部汇入金川河、革什扎河后入丹巴县，正式称为大渡河。南流经康定、泸定汇入弯东河后进入石棉县，在石棉县城拐向东，经汉源县汇入白熊沟后出雅安市境，在铜街子又转向北，在乐山市草鞋渡汇入最大支流青衣江后在乐山城南汇入岷江。全长1062公里，流域面积1.33万平方公里。石棉县城至铜街子为中游，至丹巴为上游，石棉县境内跨大渡河上游、中游河段，长79公里。大渡河水系在石棉县境内各级支流约90余条，其中流域面积在30平方公里以上

大渡河安顺河畔

的有27条，流域面积在100平方公里以上的一级支流有6条，各支流注入大渡河在县城以北为东西汇入，在县城以东为南北汇入。一级支流主要有弯东河、什月河、田湾河、雨洒河、海流河、深池沟、出路沟、礼约河、松林河、吊藤子沟、小水河、翻身沟、楠桠河、响水沟、八牌河、碾子沟、大沟、要要沟、大冲河等。安顺彝族乡境内属大渡河上游下段，长10公里，流域面积340平方公里，有一级支流松林河、小水河、翻身沟。

松林河： 又名安顺河，大渡河右岸的一级支流，发源于九龙县海拔5267米的万年雪峰东北麓，向北流经湾坝乡称湾坝河，在七龙洞附近进入石棉县境内称松林河，在蟹螺乡新乐村纳南来的白路沟后又接纳西来的大支流洪坝河，再向东北在蟹螺乡田坪村纳入蟹螺河后，在安顺场注入大渡河。全长60.2公里，流域面积1456平方公里。松林河在县境长21公里，流域面积246平方公里，在乡境内长2.5公里，流域面积92平方公里，天然落差620米，平均比降29.5%，年平均流量55.8立方米/秒，最大年平均流量64.9立方米/秒，最小年平均流量43.2立方米/秒，列县境内支流第一，县境内水能蕴藏量为23.91万千瓦。

小水河： 大渡河右岸一级支流。位于松林河与楠桠河之间，与松林河、楠桠河相比，相对而成山溪小水，故名小水河，但它是全在石棉境内的流域面积最大的一级支流。小水河发源于令牌山烂泥坪，向东北在小水村注入大渡河，全长30.6公里，流域面积170平方公里，夹在地宝洞和己子赖捷两大山岭之间，全在安顺乡范围内。年均流量6.12立方米/秒，天然落差2810米，水能蕴藏量7.36万千瓦。有支流黑泥巴沟、梅家

沟、马河坝、魁沙沟、姜家沟、磨房沟、岳藏沟、泥巴厂沟、羊落沟、瓦斯沟、镇龙沟、聂占云沟、观华平沟等13条。

翻身沟： 原名卡落沟，1952年改名翻身沟，大渡河右岸一级支流。翻身沟发源于石棉县子稹蓬山北麓，全长2.5公里，流域面积4.2平方公里。年均流量0.121立方米/秒，天然落差650米，水能蕴藏量0.05万千瓦。

【自然资源】

矿产资源： 安顺乡矿产资源有非金属矿和金属矿两种。非金属矿主要有石棉矿、硅石矿、黄蜡石、石膏矿、水泥矿石。其中，石棉矿分布在恒正隆、石灰窑、麂子坪3处；硅石矿分布在麂子坪和牛背山2处，含量99.99%，储量3万吨；黄蜡石分布在魁沙茂曾内子沟；石膏矿分布在魁沙村，储量197.11万吨；水泥矿石分布在新场癞子沟。金属矿有铅锌矿、磁铁矿、铜矿、黄金矿。其中，铅锌矿有麂子坪村西山矿点，储量4.65万金属吨，金属量含锌10%～49%，铅30%～70%；磁铁矿为中泥盆充热液矿床，分布于麂子坪大河坝，有两个矿带，一个长50米，平均厚20余米，另一个长90米，平均厚4米，品位在60%～70%，资源储量为197.11万吨；铜矿分布在地宝洞南坡，储量1万金属吨；黄金矿主要分布在热窝山，储量500金属吨。

森林资源： 林地总面积9297.19公顷，活立木蓄积量56.36万立方米，森林覆盖率78.6%，树木种类有冷杉、云杉、铁杉、桦木、云南松、杉木、桤木、栎类，硬阔、软阔、核桃、柑橘等，海拔2800米以上的主要为冷杉、云杉，海拔2000～2800米的为铁杉、桦木，海拔1600～2000米的为栎类、杉木、桤木、硬阔、软阔，海拔860～1600

红豆杉

米的为核桃、柑橘。珍贵树种有红豆杉、枫木、桢楠等；野生药材有天麻、贝母、虫草、重楼等。草场面积8.25万亩，可利用7.19万亩。其中，高山草甸草地分布在海拔4100～4600米处，地草甸草地分布在海拔2000～2500米处，山地草丛草地分布在海拔1500～2500米处，山地疏林草地分布在海拔2500米以下地区；地灌木草地分布在海拔1000米以上地区，干旱河谷灌丛草地分布在沿大渡河、松林河地区，农隙地草地分布在田间、地坎、路边。

土地资源：耕地面积4593亩，其中田1471亩、地3122亩。土壤分为水稻土、黄棕壤、石灰岩土3类。水稻土1471亩，分布在小水村、安顺村、新场村；黄棕壤438亩，分布在魁沙村、新场村；石灰岩土2684亩，分布在安顺村、松岗村、新场村、魁沙村。土属有潮土田、黄红泥田、石灰性棕红泥田、黄棕土、黄棕石灰土

红化绿绒蒿

等5种。中潮土田226亩、黄红泥田104亩，分布在小水村；石灰性棕红泥田1141亩，分布在安顺村、新场村；黄棕土438亩，分布在魁沙村、新场村；黄棕石灰土2684亩，分布在安顺村、松岗村、新场村、魁沙村。土种有灰棕潮田土、夹石泥沙田、石沙田、灰泥沙田、棕红泥田、沙土、石骨子土、浅黄泥土等8种。其中，灰棕潮田226亩、夹石泥沙田104亩，分布在小水村；石沙田124亩，分布在新场村；灰泥沙田326亩、棕红泥田691亩，分布在新场村、安顺村；沙土438亩，分布在魁沙村、新场村；石骨子土874亩，浅黄泥土1810亩，分布在安顺村、松岗村、新场村、魁沙村。

野生动物资源：国家Ⅰ级保护动物有大熊猫、豹、林麝、绿尾红雉、斑尾、榛鸡、雉鹑等，国家Ⅱ级重点保护动物有藏酋猴、猕猴、小熊猫、鬣羚、黑熊、马熊、金猫、猞猁等，山林野生动物有野猪、豪猪、猪獾、狗獾、果子狸等。此外，还有许

大熊猫

绿尾红雉

多迁飞的候鸟沿大渡河流域季节性停歇、暂歇。江河野生动物有7目14科78种，其中，珍稀品种有猫子鱼、马蹄鱼、布氏哲罗鲑（虎嘉鱼）等20余种，布氏哲罗鲑（虎嘉鱼）已经濒临绝迹。

【地名考略】

安顺场：原名紫打地。清光绪二十八年（1902）受洪灾后，取祭文中"山镇久安，河流顺轨"之意，定名安顺场。

老街子：安顺最早的街。

营盘：1863年5月，太平天国翼王石达开率兵在此安营扎寨，故名。

中坝：为一河谷田坝，此坝居中，故名。

下坝：为一河谷田坝，此坝居下游方向，故名。

新场：又叫喜乐场（高兴快乐的地方），因此地新建房屋以赶集，故取名新场。此地解放前属越西县河道七场之一。

山墩：此山低矮，故名。

磨坊：此地原建有磨坊。

安宁沟：原名大堡子。此地解放后取平安宁静之意，故名。

小堡子：此地为藏人居地。

姜家沟：此沟居住姜姓人家，故名。

马鞍山：此山形似马鞍，故名。1863年5月，太平天国翼王石达开屯粮处。

小水：因小水河流经而得名。

小水河：大渡河一级支流，位于松林河与楠桠河之间，与松林河、楠桠河相比，相对而成山溪小水，故名。

翻身沟：原名卡落沟，1952年取人民翻身做主之意改名为翻身沟。

木瓜坪：此坪产木瓜，故名，松岗村委会驻地。

独树子：此地原只有一棵树，故名。

洼子头：因地形低洼而得名。

安顺乡：1952年建乡，因乡政府驻安顺村，故名。

安顺村：1952年建村，以驻地安顺场取名安顺村。

大河坝：为河水冲积而成。

瓦斯：以藏族的姓氏而得名。

海洋会：此地有一小海子，山羊常来此，故称海和羊相会，后改"羊"为"洋"，故名。

竹林坪：紫坪原竹林茂密，故名。

麂子坪：彝语有麂子出没的地方而得名。麂子坪村委会驻地。

白椿树：此地原有两棵白椿树，故名。

凉台：此地为山间台地，暑天清凉异常，故名。

羊棚子：为关羊的棚子。

小水村：1952年建村，因有小水河流经，取名小水村。

新场村：1952年建村，以驻地新场取名新场村。

魁沙：因地形似一魁子，土质含沙多，故名。

魁沙村：1952年建村，以驻地魁沙取名魁沙村。

麂子坪村：1952年建村，以驻地麂子坪取名麂子坪村。

松岗村：1952年建村，原名大湾村，1981年地名普查，为避免重名，因山上松树较多，更名松岗村。

营盘山皂角树，据传有200余年历史

令牌山：因山貌似方凳，得名令牌山。

观音山：此山形如观音打坐，故名。

已子赖捷峰：取彝语垭口之意。

十大鼓山：南北有十个山峰排列，形如十大鼓，故名。

老熊顶：以往经常有老熊出没，故名。

耳子山：因山上产木耳，故名。

【百年古树】 乡境内有四棵百年古树。小水村的彬树，高20多米，直径约1.2米。安顺村松林河畔的黄桷树，高约

30米，直径1.5米，枝叶繁茂，形如华盖，树下可为数十人遮蔽阳光。1863年石达开部队到此，借以遮阴。1935年红军过境，也在此乘凉。乡里人说这是安顺场的风水树。马鞍山娃儿树，地处安顺村七组，此树高大，根茎发达，亭亭玉立，当年红军长征时从此经过曾在树下乘凉休息，营盘山皂角树，高大挺立，主干笔直，在5米高处分出几大枝，发展为大伞状，当年石达开驻军营盘山时便在此树上拴战马。

人　口

【人口总量】　1949年，安顺乡辖区较广，包括现安顺、先锋、蟹螺、新民、草科、田湾，有人口1014户5068人。1951年2月，越西县将安顺乡划分为安顺、田湾2乡。安顺乡包括今安顺、先锋、蟹螺、新民，有人口954户3675人，其中男1815人，女1860人，少数民族人口870人。1951年12月，安顺乡被划分为安顺、先锋、新民3乡，有人口532户2271人，其中男1091人，女1180人。2015年，安顺彝族乡有人口3188户9297人（其中男4695人，女4602人），分别比1953年的508户1921人、1964年的820户3313人、1982年的1148户5295人、1990年的1531户6026人、2000年的1749户6542人、2010年的2826户8819人增长5.28倍、383.97%、2.89倍、180.62%、1.78倍、75.58%、1.08倍、54.28%、0.82倍、42.11%、0.13倍、5.42%。2015年，全乡少数民族人口4085人，其中彝族3160人、藏族924人，分别比953年的715人、1964年的898人、1982年的1382人、1990年的1920人、2000年的2586人、2010年的3445人增长4.1倍、3.51倍、1.96倍、1.13倍、0.58倍、0.19倍。1958—1962年，连续5年全乡人口出现负增长；从1963年开始，全乡人口连续53年不同幅度地增长，总体呈上升趋势。人口分布为大渡河南岸和小水河两岸谷地居住密集，中山地区人口居住较疏，高山地区人口居住稀少。2015年，全乡人口密度为每平方公里47.45人，分别比1953年的9.58人、1964年的17人、1982年的27.15人、1990年的31.09人、2000年的33.55人、2010年的45.23人增长37.87人、30.45人、20.3人、16.36人、13.9人、2.22人。1951—1956年，男女性别比一直是男性低于女性，1957年男性增长95人，首次超过女性，以后的58年里，男女比例中男性一直高于女性，其中1953年为11∶12，1964年为17∶16，1982年为26.5∶26，1990年为28.6∶28，2000年为31∶30，2015年为47∶46。2015年，全乡计划生育率为98.1%，人口自然增长率5.86%，死亡率5.53%。

【民族构成】　安顺彝族乡主要有汉、彝、藏等民族，最早是藏族及少数彝族，后汉族人从外地迁入，逐年增多，成为人口最多的一个民族。2015年，汉族人口为5212人，占总人口的56.3%，少数民族人口为4091人，占总人口43.7%，民族比例为56.3∶43.7。2015年，汉族人口为5212人，分别比1953年的1519人、1964年的2396

人、1982年的3908人、1990年的3782人、2000年的3956人增长2.43倍、1.18倍、0.33倍、0.38倍、0.32倍，比2010年的5286人减少74人。2015年，少数民族人口为4085人，其中：彝族3160人，占总人口的33.75％；藏族924人，占总人口的9.95％，分别比1953年的715人、1964年898人、1982年的1382人、1990年的1920人、2000年的2586人、2010年的3445人增长4.71倍、3.51倍、1.96倍、1.13倍、0.58倍。民族比例1953年为16∶17，1964年为24∶9，1982年为39∶4，1990年为39∶19，2000年为38∶26，2010年为53∶35，2015年为52.7∶40.8。60多年来，汉族人口增长幅度平稳，增幅不大，少数民族人口增长迅速，增长幅度大，民族人口数量差距逐步缩小。

【主要姓氏】 2000年以前，本乡主要姓氏有王、陈、毛、罗、李、余、侯、神、吕等。2015年，本乡姓氏有王、李、罗、陈、毛、张、杨、刘、邱、余、周、黄、马、沈、伍、吕、郑、何、神、聂、吴、阿、徐、赵、曹、胡、姜、宋、勿、莫、苏、吉、任、邓、林、谢、倪、汪、邹、宿、唐、朱、叶、肖、帅、彭、丁、侯、曲、代、高、袁、蒋、雷、熊、凌、方、康、鲁、安、殷、苟、乔、尔、巫、冯、石、克、孙、欧、祝、蒲、沙、潘、龙、郭、乌、拉、木、万、田、药、姚、文、白、佐、加、果、卢、寇、程、曾、耳、廖、胜、韩、俄、古、金、施、鲜、洛、约、秦、汤、穆、许、呷、大、辜、岳、易、祁、官、董、车、谭、杜、海、夏、冉、赖、钟、丹、梁、蔡、尹、钱、友、留、啊、骆、江、的、尺、倮、过、尼、

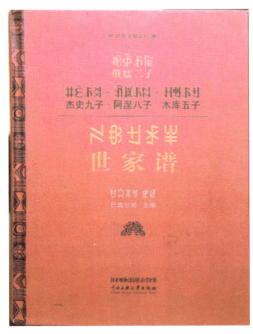

彝族俄氏三子族谱

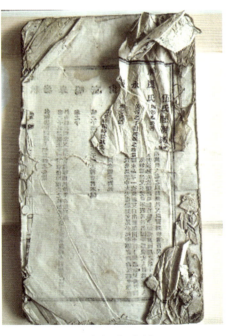

汉族伍氏族谱

简、物、庞、武、薛、达、底、后、机、基、苟、谌、郝、向、双、崔、都、陶、甲、甘、龚、魏、不、严、史、阮、于、兰、喜、八、左、使、铁、你、陆、认、以、卡、柒、巴、付、洪、满、华、口、查、补、子、落、业、小、几、是、各、比、吃、惹、傅、戎、孔、闵、漆、牟、柴、保、溜、取、九、仁、理、公、脚、会、腰、牛、逸、日、丑、布、省、童、窝、支、舒、衡、樊、季、坐、芦、喻、泥、黎、席、南、贺、解、举、泸、四、井、译、扎、六、鸡、饿、明、里、挖、汗、七、衣、才、哈、权、是、必、重、长、妖、捕、孟、价、羊、洒、扣、合、翁、阳、意、昨、佳、段、帖、路、扯、辛、归、次、个、差、佘、梅、贾、商、什、练、艾、强、戴、范、泽、卫、耿、秋、结、依、詹、郎、老、勒等 299 个姓氏，其中人口在 100 人以上的姓氏有王（730 人）、李（538 人）、罗（501 人）、陈（445 人）、毛（387 人）、张（347 人）、杨（328 人）、刘（277 人）、邱（212 人）、余（193 人）、周（191 人）、黄（182 人）、马（139 人）、沈（137 人）、伍（137 人）、吕（127 人）、郑（124 人）何（121 人）神（118人）聂（117 人）、吴（113 人）、阿（111 人）、徐（110 人）。王姓 730 人，占总人口的 7.79%；李姓 538 人，占总人口的 5.74%；罗姓 501 人，占总人口的 5.35%；陈姓 445 人，占总人口的 4.79%。

政　治

【基层政权】　　民国 16 年（1927），由地方人士赖执中等呈请越西县政府废除松林地土都司，设安顺联保，实行保甲制度。民国 31 年（1942）实行新县制，改联保为乡镇，置安顺乡，设安顺乡公所至当地解放，由若干乡丁组成，它是越西县政府的派出机构，不是一级政府，只履行县政府的部分职能，也没有财政权。先后任过乡公所乡长的有苏贵鲜、陈耀鲜、帅士清、罗永安、罗福龙、毛晓峰、何海富等人。1951 年 3 月，安顺乡解放，越西县人民政府将安顺乡划为安顺、田湾两乡，并成立越西县安顺乡人民政府，管辖现安顺、先锋、蟹螺、新民等乡。1951 年 12 月，安顺乡划归石棉县，石棉县人民政府

乡民参加县乡人大代表选举

将安顺乡划为安顺、先锋、新民等乡，并成立石棉县安顺乡人民政府。至1956年4月，担任过乡长的有李国秀、刘山华，担任过副乡长的有耳合。1956年4月改为安顺乡人民委员会，至1958年9月，担任主席的为李国秀，设武装、治安、民政、生产、文教、财粮等6个委员会，下辖6个村。1958年9月成立安顺人民公社，1958年9月—1967年4月2日，称安顺人民公社管理委员会，由13人组成，下设治保股、政治股、财会股、文教股、副业股、秘书股、技术股、生产股等，管理卫生院、邮电所、供销社、派出所、税务所、信用社、文化站、气象站、粮站、广播站、畜牧兽医站、学校等单位，下辖新场、小水、大湾、魁沙、麂子坪、安顺6个管理区。1967年4月3日—1968年4月4日，称为安顺人民公社生产委员会，4月5日—10月28日又更名为安顺人民公社生产指挥部。担任过社长的有凌朝录、郑朝富、李伯华，担任过副社长的有芍

滴滴、李国富、王国强、陈子全等。1968年11月12日—1980年3月，称安顺人民公社革命委员会，其由9人组成，各大队、生产队普遍建立革命领导小组，下辖新场、小水、大湾、魁沙、麂子坪、安顺等6个大队28个生产队，担任过主任的有王治富、李伯华等，担任过副主任的有李开元、刘兴富、陈吉昌、李国富、李伯华、陈国全、徐尚明、李子秀等。1980年3月—1984年3月，恢复称安顺人民公社管理委员会，内设政治办公室、经济发展办公室、农业财务管理办公室、行政管理办公室等，主任为廖凤荣，副主任为罗建华。1984年3月取消安顺人民公社建置，恢复安顺乡建置，改安顺人民公社管理委员会为安顺乡

乡人民代表大会

安顺村村委会活动室

人民政府，设财政所、秘书办公室、治安室、民政办公室、计划生育办公室、计生服务站、乡镇企业办公室、农业技术服务站、农经站、文化站、广播站、畜牧兽医站、司法办公室等，担任过乡长的有陈学章，担任过副乡长的有刘晓莲等。1985年7月6日，经四川省人民政府批准成立安顺彝族乡。1986年3月6日，安顺乡第九届人民代表大会第一次会议将安顺乡改名为安顺彝族乡，正式使用安顺彝族乡称谓，并成立安顺彝族乡人民政府，下辖新场、小水、松岗、魁沙、麂子坪、安顺等6个村，41个村民小组。1986年3月6日—2015年12月31日，称安顺彝族乡人民政府。1984年1月—2000年，内设机构没有变化。2001—2012年，内设机构有党政办公室、财政所、农业服务中心、经济发展办公室、社会事务与计划生育办公室、文化服务中心、小城镇建设和旅游开发办公室。2013—2015年，内设机构调整为党政办公室、经济发展和社会事务办公室、群众工作办公室、城镇建设管理办公室、农业技术服务中心、社会保障与文化服务中心、人口与计划生育服务中心等，担任过安顺彝族乡人民政府乡长的有罗建华、罗向如、毛成德、倪虹、史呷等，担任过副乡长的有帅维、杨仕平、张莉、赵德华、欧朝富、甘小平、吴志荣、倪德清、雷福贵、黄崇林、刘燕琼、刘宝、邹和平、史呷、刘永、鲁康、李纪、代阳等。1990年2月18日，安顺彝族乡第十届人民代表大会第一次会议设立乡人民代表大会主席团，担任过主席的有书明福、宋国仲、段金友、张云贵、高万刚、陈洪忠、车荣等，担任过副主席的有张国君、倪德清、王成、车荣等。60多年来，共进行了17次乡人大代表选举，选出乡人大代表731人次。

【党组织建设】 1951年11月，建立中共安顺乡党小组，有党员8人。1953年1月建立中共安顺乡党支部，担任过支部书记的有陈德玉、李国富、杨淑谦。1958年3月，建立安顺乡党总支部，有党员31人，白吉安任党总支书记。1959年1月建立安顺公社党委，有党员36人，担任过公社党委书记的有白吉安、马树

乡党代会

钊、刘长斌、王志富、李伯华，担任过副书记的有王治富、凌朝禄、郑朝富、陈良乾、李国富、李开元、徐尚明、陈国全、李伯华、赖钊文、苏秀芳、周洪英、李子秀、陈明鑫、黄登林、廖凤荣、刘晓莲等。1959—1961年，安顺公社党委在各大队

乡机关支部开展重温入党誓词活动

（管理区）建基层党支部12个，即安顺、小水、魁沙、麂子坪、大湾、松林、金坪、解放、共和、出路、白塔等支部。1961年后建先锋人民公社，松林、金坪、解放、共和、出路、白塔等大队支部，由先锋公社党委领导，安顺、小水、新场、魁沙、麂子坪、大湾等大队党支部属安顺公社党委领导。1968年11月12日，安顺公社成立革命委员会。1970年整党后恢复和建立党组织，12月恢复和建立安顺公社党委，由9人组成，建立安顺公社机关党支部。1984年初，改安顺公社党委为安顺乡党委，由7人组成，担任党委书记的有孙树军，担任副书记的有廖凤荣、刘晓莲，下辖安顺、小水、新场、麂子坪、魁沙、松岗等6个村支部和机关支部。1986年3月6日，改安顺乡党委为安顺彝族乡党委，由9人组成，担任过书记的有吴福全、吴大俊、宋国仲、张云贵、高万刚、陈洪忠、宋红虎、宋朝等，担任过副书记的有吴福全、罗建华、杨仕平、张莉、阎树康、罗向如、王万彬、张国君、周万惠、杨本康、毛成德、高万刚、王成、倪虹、周天奋、周建平、马运江、邹和平、王福强、吴枫、史呷、周玉刚、杨弋等，下辖安顺、小水、新场、魁沙、麂子坪、松岗等6个村党支部和2个机关支部。1958年3月6日，安顺乡第一次党代会召开，至2015年，共召开乡党代会15次。1987年成立中共安顺乡纪律检查委员会，由一名党委副书记负责纪律检查工作，担任过纪委书记（专职纪检员）的有陈明鑫、王万彬、高万刚、王成、周天奋、王福强、叶茂等。2015年，有党员274人，分别比1951年

新场村党支部活动室

获"全省创先争优先进基层党组织"称号

的 8 人、1961 年的 36 人、1970 年的 44 人、1983 年的 139 人、1990 年的 153 人、2000 年的 208 人增长了 33.25 倍、6.61 倍、5.23 倍、0.97 倍、0.79 倍、0.32 倍，党员队伍不断壮大。

60 多年来，不断加强基层组织建设，在村（大队）、机关建立 8 个支部，在组（队）建立 47 个党小组，并注重坚持标准，保证质量，改善结构，慎重发展，尤其注重在知识分子、妇女和少数民族中发展党员。

经 济

【工业】

所有制结构：1952—1978 年，安顺乡工业以多种厂矿、作坊为主，有石灰厂、砖瓦厂、石膏厂、面粉加工厂、酒厂、缝纫加工厂、土化肥厂、油榨房、碾磨坊、铁厂、农机修造厂、炸药厂等，所有制性质属集体所有。1979—2000 年，安顺乡工业以能源工业、原材料工业、消费品工业为主，有电站、酒厂、石棉厂、联办石灰厂、农机加工厂、木材加工厂、伐木场、修建队、供销公司、华硅电冶公司、铁合金厂、焙烧锌厂、铅锌矿厂、硅矿厂、砂石厂等。其中，电站 10 座，总装机 2.41 万千瓦。有 4 座属县国有企业，装机容量 1.65 万千瓦；县私联营 1 座，装机容量 500 千瓦；县乡

镇龙电站

联营 1 座，装机容量 2000 千瓦；乡属电站 1 座，装机容量 1200 千瓦；私营电站 3 座，装机容量 3910 千瓦。铅锌矿、硅矿、砂石厂为个体所有制企业；第一、第二木材加工厂，农机站属乡集体企业。焙砂厂、团结堰电站属个体所有制私营企业；主要以集体所有制企业为主、个体私有企业为辅。2001—2015 年安顺乡工业以能源工业、原材料工业、加工业为主。2015 年，有松源、欣荣、金洞子、铁矿、安顺、川矿园水、两叉河、梅家沟、大中营、康顺、小水河口、小水一级站、小水二级站、大河坝、兴发、镇龙、建兴、马河坝、地宝洞、顺发、桐子林、源泉、梅家沟尾水、兴鑫、华文、翻身沟、黑泥巴沟、安顺河口、顺鑫、泥巴厂等 30 座电站，总装机 10.2 万千瓦。有恒泰昌商砼有限公司、蓝翔冶金材料有限公司、远航电冶有限公司、蜀鲁锌冶有限责任公司、松林河流域开发公司、金奎硅业有限公司、蜀宁硅业有限公司、金猛矿业有限公司、顺达有色金属有限责任公司、乾锐有色金属有限责任公司、华星焙烧厂、麒麟端焙烧厂一分厂、东顺锌业有限责任公司、亿欣新材料有限公司、东方矿业、吉普森矿业有限公司江家山石膏矿、华泰硅业有限公司、晶宏矿业有限公司、金瑞化工、华泓新材料有限公司、石棉县铭祥铁粉厂等 21 家工业企业，主要以个体民营企业为主。

工业经济发展：2015 年，全乡工业总产值 9.18 亿元，分别比 1952 年的 0.1 万元、1985 年的 58.92 万元、2000 年的 8705 万元、2010 年的 3.24 亿元增长 91.82 万倍、1557.43 倍、9.55 倍、1.84 倍，工业经济快速发展，工业经济从 1952 年占工农业总产值的 0.13% 到 1995 年占工农业生产总产值的 60.5%，第一次超过农业比重，成为全乡经济的支柱。2000 年占工农业总产值的 89.1%，2015 年占工农业总产值的 91%。

【农业】

土地制度：1951 年土地改革前，汉族地区大量耕地为地主、富农占有，有地主 47 户、富农 21 户，占农业总户数的 6.98%，占有土地 3369.32 亩，占土地总数的 25.88%，占户数 93% 的广大农民却只占有土地 9647.59 亩。无地、少地农民依靠租种土地，出卖劳力，打长工、短工维生。1956 年民主改革前，彝区属于奴隶社会所有制，劳动者被作为牛、羊等牲畜或工具、商品看待，奴隶可以被任意买卖、赠送；汉族和藏族地区属封建土地所有制。1952 年汉族地区开展土地改革运动，废除了封建土地所有制。1956 年 8 月在少数民族聚居区实行民主改革，废除了奴隶制度和封建制度，实现耕者有其田，这个时期属农民所有制。1954 年 1 月—1956 年春，全乡建有 18 个农业合作社，入社农户 381 户，占总户数的 66%，属集体所有制的初级农业合作社。1956 年 1 月—1958 年，全乡建有高级农业生产合作社 5 个，入社农户 400 户，推广取消土地报酬，实行各尽所能、按劳分配，属集体所有制的高级农业生产合作社。1958 年 8 月，建立安顺乡人民公社，实行政社合一，公社下设管理区 11 个，建立公共食堂。1961 年 6 月—1978 年 2 月，全乡建有 6 个大队 28 个生产队，实行三级所有，队为基础，由生产队进行独立核算、自负盈亏，属集体所有制的人民公社。1979 年年冬，全乡推广分组作业、联产计酬责任制、联产计酬、超奖短赔。1982 年全乡 41 个生产队，全部实行家庭联产承包责任制，与 1769 户农民签订 5679 亩的土地承包合同。1998 年 8 月，全乡 6 个村 47 个组，与 1769 户农民续签了 5679 亩土地承包延期 30 年合同，并向农户颁发了经营权证书，属家庭联产承包责任制。

农业经济发展： 2015年，全乡有耕地 4799.43 亩，

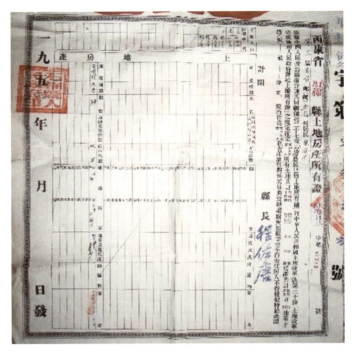

1954年土地使用证

人均 0.51 亩，比 1952 年的 7891 亩减少 3091.57 亩，人均减少 3 亩；比 1985 年的 7578 亩减少 2778.57 亩，人均减少 0.92 亩；比 2000 年的 7227 亩减少 2427.57 亩，人均减少 0.73 亩。2000 年前以粮食生产为主，之后经比例逐步调整，生产结构趋于合理。全乡粮食作物以水稻、小麦、玉米为主，尤以玉米为主，经济作物以油菜为主，因地制宜地发展农、林、牧、副、渔业。2000—2015 年，全乡以发展水果和干果为主，到 2015 年已发展黄果柑 1820 亩、枇杷 700 亩、核桃 8800 亩、板栗 3000 亩、花椒 200 亩、药材 150 亩。2011 年 8 月，枇杷获得国家颁发的农产品地理标志登记证、世界枇杷栽培种原产地、中国晚熟优质枇杷生产基地、中国野生枇杷资源保护特别贡献奖、"中华名果"称号，核桃获得国家"地理标

特色农业：500亩黄果柑示范基地

志、地理商标"商标注册证。2015年，农民人均纯收入9301元，比2000年的1836元、1981年的90.16元分别增长4.07倍、102.16倍。2015年，农业总产值7949.7万元，分别比1952年的77.9万元、1970年的115万元、1980年的149.67万元、1990年417.2万元、2000年的1066.5万元、2010年的3016万元增长101倍、68.12倍、52倍、18倍、6.45倍、1.63倍。

【旅游业】 制定《安顺场历史文化旅游区总体规划》和《安顺场修建性详细规划》，按照"特色鲜明、功能完备、形态合理、产业支撑、管理有序"的新农村综合体和国家AAAA级红色旅游景区建设标准，从古镇游览区、生态农业观光区、红军遗址公园区、民族

游客开展重走长征路活动

风情园区、翼王遗址公园区，沿大渡河松林河的滨河环路，以红军长征文化为核心的历史文化观光体验和山水阳光休闲旅游目的地，一碗水入口和松林河入口等"五区、一环、两主题、两入口"进行打造。现有生态农业观光园区、古场镇区、红军渡、中国工农红军强渡大渡河纪念馆、中国工农红军强渡大渡河纪念碑、红军强渡大渡河指挥楼、机枪阵地遗址、红军标语墙、毛泽东旧居、赖家大院等景点，并形成爱国主义教育线路、农业观光线路、古镇休闲参观线路、翼王文化体验参观线路；初步培育和发展为观光休闲旅游、乡土文化体验、民间工艺技术体验、农家农事参与等乡村特色文化旅游产业，集吃、住、行、游、购、娱乐休闲、体验、运动等于一体。全乡有大中型农家乐12家、客栈60家、餐馆26家、茶楼12家、农家饭庄20家、土特产经营户11家、大渡河奇石经营户5家、便民服务店25家、自行车租赁6家；完成集镇民房、集路路面硬化、商业步行街打造、自来水厂建设、垃圾中转站、污水处理设施安装铺设、光纤线路架设、游客中心、星级厕所、停车场、文化广场、红军遗址公园、滨河大道等市政基础设施建设，景区面积由原来的约0.31平方公里扩大到2.5平方公里，服

务和接待游客的能力大幅度提升；开发出草科鸡、草科腊肉、坛坛肉、石棉黄果柑、石棉枇杷、老鹰茶、石棉核桃油、八月瓜等一系列有特色的地方旅游产品；开展面点师、厨师、刺绣、

中国第二届黄果柑节暨石棉县乡村旅游节

人力资源、农业、就业、移民、接待礼仪等培训162期，培训人员1.48万多人，培育"有文化、懂技术、会经营"的新型农民，提高农民的综合素质。在全市率先成立集镇管理队和保洁队伍，实现集镇管理专业化、常态化。开展四川省花卉果类生态旅游节暨第四届黄果柑节、首届中国四川大熊猫国际生态旅游节、"5·25"中国工农红军强渡大渡河公路自行车越野赛等文体型活动20余次，举办篝火晚会45场，开展旅游志愿者服务活动200多次，发文明旅游及诚信经营倡议书6万多份；先后获得全国爱国主义教育基地等国家级荣誉9项，四川省历史文化名镇等省级荣誉32项。2013年，创建国家AAAA景区，拉动了安顺旅游产业的快速发展，安顺场景区已成为集爱国主义教育、生态观光、阳光休闲、民俗体验、文化博览为一体的综合性旅游发展区域。2015年，实现旅游综合收入1625万元、接待游客80万人次，分别比2010年的280万元、17.8万人次，2000年的50万元，1.15万人次增长4.80倍、3.49倍和31.5倍、68.57倍。

社会事业

【教育】

义学：光绪二十九年（1903），安顺场义恤祠内办起一所义学，经费来源于地方捐资和公产，是县域第一所启蒙学校。幼儿教育始于1958年，为适应"大跃进"和人民公社的需要，全公社各管理区普遍办起季节性或常年性的幼儿班，幼、托混合班共20所，入园幼儿680人，1961年全部停办。1981年恢复幼儿园，有幼儿园6所，入园幼儿

2560人。2015年有各类幼儿班（学前班）4个，入院幼儿147人，入园率达100%。为各小学附属代管，幼儿活动项目有体育、语言、音乐、计算、美术等，同时还要培养讲卫生、礼貌的习惯。

　　基础教育：光绪三十三年（1907）改义学为安顺场初等小学堂。民国3年（1914）易名为安顺场初级小学，民国17年（1928）改为高级小学，民国24年（1935）改为安隆小学，民国28年（1939）改为安顺中心国民学校。在此期间，田湾、草科、海尔洼、小马厂、仙凤坡等相继设立了保国民学校，学校设备简陋，校舍多借用庙宇。经费来源主要是学租和地方秤款、碾磨、渡口等税捐，课程设置主要为国文、算术、公民、自然、地理、历史、国画、手工、唱歌、体育等。安顺解放后，人民政府接管学校，进行了整顿和发展，1950年6月改安顺小学为安顺中心小学，1953年成为完全小学。1953年，县政府从实际出发，做出控制公办校，在农村适当发展民办学校的决定。1958年全乡学校大发展，有公办学校1所，民办学校5所，在校学生人数668人，安顺中心小学改为安顺人民公社中心小学；在三年经济困难时期，经调整保留公办学校1所，其他被撤销，在校学生人数313人，减少355人。随着经济形势的好转，小学又恢复发展，到1966年，有公办学校2所，民办5所，在校学生797人。1966年9月后因"文化大革命"动乱，学校混乱不堪，学生流动在35%左右。1975年，安顺小学附设初中班，实行开放办学。1976年，安顺小学附设高中班，有学生939人。由于学校附设初

20世纪60年代，学校开展"上学一把蒿"活动。图为安顺小学学生为生产队采蒿场面

2015年5月24日，安顺场八一希望小学学生开展"红军精神在我心中"演讲比赛

中、高中班，大量挤占小学校舍、师资和设备，造成教育内部比例失调，教师素质不高，教育质量下降。1976年10月，粉碎"四人帮"后，教育战线拨乱反正。1978年12月，党的十一届三中全会后，石棉县认真贯彻中央"调整、改革、整顿、提高"的方针，依据中共中央、国务院《关于普及小学若干问题的决定》，全面规划初等教育的普及，逐步摘掉小学"戴帽初中班"的帽子。1979年，安顺小学高中班停办，初中班与小河坝中学合并。1978年撤销革命领导小组，恢复校长职位。1981年改安顺小学为石棉县安顺中心小学。1985年，全乡有小学10所，在校学生631人，学龄儿童入学率达93.5%，初等教育普及率74%，巩固率97.2%，毕业率76.2%，完成了普及初等教育的任务。2000年，全乡有小学10所，在校学生人数578人，学龄儿童入学率达99.9%，全面完成了"普六"任务。2000年，全乡取消小学升初中考试，实行免试升初中。2006年，贯彻教育部教育均衡发展战略，对全乡小学进行布局调整。至2015年，全乡有安顺场八一希望小学、安顺乡新场小学、安顺乡麂子坪小学、安顺乡魁沙小学，在校学生830人，班级22个班，教师43人。

脱盲学员在学习实用技术

成人教育：民国年间虽有民众教育，但无具体实施措施。1952年土地改革后，县政府要求在全县开展农民教育，广泛动员全乡90%青壮年文盲、半文盲学习文化，用祁建华发明的"速成识字法"进行教学。1955年，乡上配备文教助理员，派农民教育积极分子到县上培训，采用推行彭县"快速教学法"，在全乡开展扫盲教育，效果明显，全乡扫盲教育工作取得很好的成绩。1958—1960年继续采用"快速教学法"，实行"三大"（信心大、干劲大、决心大）、"三记"（记偏旁和部首、记字形和字音、记连成词）、"三集中"（眼力、听力、精力集中）等措施，扫盲工作初见成效。1960—1962年的三年困难时期，扫盲工作基本停止。1963年采取因地制宜、灵活多样的方法，学政治、学文化、学技术，巩固扫盲成果。1965年推广南充火花公社政治夜校经验，在政治夜校中学技术、学文化。1978年，公社配备半脱产专职干部1人，开始集中扫盲工作。1983年实行生产责任制后，以承包扫盲为主，先汉区后彝、藏区，先干部后群众，分批分期，在脱盲的基础上办业余夜校，坚持常年学习，并把重点放在农民学习技术上。1981年被县政府评为无盲乡。1983年全乡基本扫除文盲，由雅安地区颁发基本扫除文盲证书。1986年后，全乡扫盲工作的重点主要放在彝、藏族村组。到1989年，全乡脱盲人数902人，青壮少年非文盲率达到85%，经省、地检查验收，安顺彝族乡成为基本扫除文盲乡。1990—1995年，全乡脱盲率达到97.4%，经省政府验收，安顺彝族乡成为高标准扫除青壮年文盲乡，并颁发高标准扫除青壮年文盲乡证书。从1996年起，全乡在巩固"高扫"成果中，做到领导、责任、经费、任务、师资、培训、考试、档案、示范、督查十落实，做到在巩固中提高、在提高中巩固。1997年经省政府复查验收合格。

学制：民国时期乡境内国民学校为六年制，保国民学校为四年制。安顺解放后，1951—1967年为四二制（初中四年，高小两年）。"文化大革命"中，按"教育要革命，学制要缩短"的原则，改为五年一贯制，初中为两年制。1983年，小学改成六年制。

体制：安顺乡解放前夕，乡域实行政教合一，乡长兼中心小学校长，保长兼保国民学校校长。解放后，乡域完小、中心校由县教育科管理。1952—1956年，乡域学校工作实行县政府领导下的校长负责制，校长、教师的调动与提升由县文教科与县委宣传部共管；1956年，由乡中心校校长、教导主任、团支部书记、工会主席组成校务委员会，集体领导学校工作；1958年，实行党支部领导下的校长负责制，公社党委管思想政治工作，县文教科管业务、经费、人事；1963年，校长在县文教局和公社党委领导下领导全校工作；"文化大革命"期间，踢开党委闹"革命"，取消校长负责制，成立乡教育革命领导小组，组织"贫宣队"进驻全乡学校进行管理；1978—1987年，学校工作由校长全面负责，党支部负责对学校行政工作进行监督，全公社学校由县文教科和公社党委领导；1987年，乡中心校以乡管理为主，村小及校点由乡、村共管，人事、资金由教育局管理；1998—2000年全县实行财政一级预算，全乡学校由乡管理；2000—2015年，全乡学校由县教育局管理。

学校简介：2015年，全乡有安顺场八一希望小学、新场小学、魁沙小学、麂子坪小学4所学校。

安顺场八一希望小学：前身为清光绪二十九年（1903）的义学，光绪三十一年（1905）改办为安顺场初等小学堂，民国3年（1914）更名为安顺场初级小学校，民国17年（1928）增设高小，改名为安顺场高级小学校，民国30年（1941）更名为安顺乡中心国民学校。1951年，改名为安顺乡中心小学。1958年建社，改称安顺公社小学。1981年恢复安顺乡中心小学。1986年，安顺乡被批准为彝族乡后，校名随之定为安顺彝族乡中心小学校。1996年，为纪念红军长征胜利60周年，由国家计委、中央军委联合拨款 30 万元改建，将学校更名为安顺场八一希望小学，江泽民亲笔题写"八一希望小学"校牌，杨成武亲笔题写"安顺场八一希望小学"的校名。2006 年，为纪念长征胜利 70 周年，中国人

安顺场八一希望小学学生课间活动

民解放军总后勤部捐资 196 万元，地方政府配套 100 万元扩建学校，学校更名为"安顺场八一爱民学校"。2010 年，中国人民解放军总后勤部又援资 70 万元修建学校艺术墙，捐资 40 万元购买学校设备设施。"5·12"汶川特大地震、"4·20"芦山强烈地震后，投入资金 2.64 万元，修建教学楼、综合楼、学生宿舍以及厕所、围墙、道路、供电、排水、绿化等设施设备。学校占地面积 1.22 万平方米，建筑面积 6698 平方米；2015 年，有班级 15 个，学生 630 名，教师 38 人。学校以红军文化为切入点，扎实纵深推进各项工作，荣获四川省卫生先进单位、雅安市爱国主义教育基地、雅安市科技创新大赛先进集体、石棉县教书育人先进集体、目标考核优秀学校、常规教学优秀学校，全国一百个红旗大队、"百优中队""全国百优中小学英雄团队"、全省"优秀少先队组织"等荣誉称号。1928—2015 年，担任过校长的有赖执中、李平西、牟名潘、刘万贵、廖德高、何月清、姚国祥、罗光华、李光明、袁国安、杨家清、王伯祥、李崇健、刘崇祯、周莲英、史国伦、李显华、邓延湛、代国松、陈光文、宋晓明、曾奇虎等。

安顺乡新场小学：位于新场村境内，建于 1965 年 9 月，"5·12"汶川特大地震后由深圳宜搜科技公司援建，学校建筑面积 280.66 平方米，运动场面积 828 平方米。2015 年，有语言过渡班、一年级、二年级共 5 个班，学生 90 余人，教师 3 人。

安顺乡麂子坪小学：位于麂子坪村五组，属中高山彝族聚集区，"5·12"汶川特大地震后，由云南红塔集团捐资援建，有教学楼、综合楼各 1 幢，面积 1027 平方米，运动场地面积 650 平方米。2015 年，有语言过渡班、一年级、二年级共 3 个班，在校学

生88人，教师3人。

【卫生】 安顺乡解放前夕，乡域没有医疗机构，各村庄有少数民间医生，群众就医看病极为艰难。解放后，党和政府高度重视卫生工作，全乡卫生事业快速发展。1950年成立安顺区卫生所，1958年3月改名为安顺卫生院，9月改名为安

安顺乡卫生院

顺人民公社卫生院，1978年改名为安顺中心卫生院。1951年、1964年全乡普种牛痘，消灭天花；1954—1955年，完成霍乱伤寒、副伤寒的预防注射工作；1963年安顺卫生院采用抗疗法，治疗疟疾，控制了疟疾流行疫情；从1970年起，天花、霍乱、副霍乱、月白喉、小儿麻痹症等基本消灭，麻疹、流脑、伤寒、副伤寒等得到有效控制；1992—2000年，每年开展两轮对0～3岁儿童脊灰疫苗强化免疫接种；2001—2015年，全乡儿童预防接种建卡建证率达100%，儿童免疫规划卡介苗、脊灰糖丸、麻疹疫苗、百日破疫苗、乙肝疫苗等基础免疫全程接种率保持在95%以上，白喉、脊灰、百日咳、麻疹等分别连续32年、21年、24年、22年保持无病例报告。对全乡6岁以下儿童14种免疫规划疫苗实行免费接种，全县无免疫规划内疾病发生。开展传染病防治72次，主要采取控制传染源，进行个案调查，切断传播途径，建立疫点和疫区处理，加强易感人群

开展创建国家卫生乡宣传活动

卫生宣教、预防接种、应急接种，广泛开展群众性爱国卫生运动等措施，提高群众讲卫生的意识。预防流行性感冒、麻疹、病毒性肝炎、细菌性痢疾、疟疾、百日咳、流脑、性病、猩红热、肺结核等20余种传染病，经有效防治，传染病发病率逐年下降，传染病种逐渐减少，有的病种彻底根除。开展妇幼保健128次，从1958年起，乡卫生院安排一名医生长期负责妇幼保健工作，定期深入督促检查，特别是对育龄妇女结合计划生育进行一年四季度长期常规检查。1953—1985年，主要通过各种渠道宣传妇女卫生劳动保护知识，孕妇在产前到医院检查胎位、血压，进行尿的常规化验，防止妊娠期并发症。1986—2015年，主要是孕产妇保健、婚前医学检查、妇女病防治、降低孕产妇死亡率和消除新生儿破伤风等。开展地方病防治12次，在全乡消灭了碘缺乏病、克山病等地方病，1986年，全乡碘缺乏病达到基本控制标准，1998—2015年，全乡碘含量符合国家标准。开展爱国卫生运动486次，除每季度开展一次外，并定元旦、春节、"五一"、国庆节的一周为爱国卫生周，内容有消灭四害、清除垃圾、处理蚊蝇滋生地、宣传饮水饮食卫生等。1951—2015年，全乡共制定《爱国卫生管理方案》4个，召开爱国卫生动员大会128次，设立宣传小组1136个（次），开展健康教育宣传8926次，发放宣传资料65万份，办健康教育栏9826期（次），清除污物24.76万吨，清理卫生死角12万处，疏通污水沟18万米，放置除"四害"药物0.9万公斤。2012年，创建为四川省卫生乡；2015年，创建为国家级卫生乡；2013—2014年，安顺村、小水村、新场村、松岗村、麂子坪村、魁沙村等创建为"省级卫生示范试点村"。

【文化体育】　2015年，全乡有文化站1个，村文化室（农家书屋）6个，建筑面积1140平方米（比1982年的64平方米增加16.8倍），藏书量6.7万余册（比1982年的3000册增加21.33倍），建成安顺场文化广场及环绕声立体音响系统，4个新村感恩墙及新场村2个文化广场1200平方米，6个新村"村村响"广播系统6套，配套移动音箱8套。有健身场8处，体育活动场11个，面积1.67万平方米，比1980年的869平方米、2000年的1115.9平方米分别增长18.22倍、

篝火晚会

13.97倍，有体育健身器材60套，基本满足了全乡人民的体育活动需求。1983—2015年，组织群众参加县上举办的彝族达体舞比赛、体彩杯迎春健身跑活动、少数民族暨农民运动会、敲响奋进节拍展示中国风采腰鼓比赛、迎春晚会、纪念红军长征胜利80周年石棉民歌演唱大赛、红军长征胜利80周

庆祝中国工农红军强渡大渡河胜利79周年首届"体彩杯"自行车比赛

年暨"感恩奋进"摄影书画大赛、弘扬长征精神国庆文艺演出、纪念建党95周年暨红军长征胜利80周年全国广场舞蹈"乡村行"、纪念红军长征胜利80周年书法比赛安顺展等文体活动30次；组织群众开展春节等重大节日文艺演出128场，迎春趣味运动会67场，庆"七一"文化活动50场，感恩奋进团结拼搏百千万文化惠民等三下乡活动25场，敬老"重阳节"系列活动50场，具有民族特色的火把节活动15次，阳光石棉篝火文艺晚会25场；开展黄果柑文化节书画展、影视展、微视频摄影展64场；常态化开展广场健身舞和广场表演等体育活动1825次，参加人数4.24万人次；开展健身操、彝族舞蹈等业余文艺骨干培训排练1700余人次；开展"重走长征路、爱国主义教育"活动35次，老年人片区运动会7次；配合开展夏令营活动25次。组织文艺工作者在小说、散文、诗歌、书法、美术、音乐、舞蹈、摄影、雕像等方面进行创作，有回忆录30多篇、散文40篇、小说10篇、诗歌100多首、书法200多幅、美术50多幅、舞蹈20多个、摄影2000多幅、音乐20多首，真实地反映了安顺场的变迁，弘扬红军无畏精神。

中华人民共和国成立后，为纪念中国工农红军强渡大渡河取得胜利，继续发扬红军精神，邓小平、江泽民、刘伯承、聂荣臻、宋任穷、陆定一、杨尚昆、张爱萍、萧华、杨成武、杨得志、黄镇、李一氓、舒同、王耀南、宋时轮、孙继先、魏传统等为中国工农红军强渡大渡河纪念馆题词；有7位国家领导人到安顺场视察工作。1999年12月27日，中共中央总书记、国家主席、中央军委主席江泽民为安顺场中心校题词"八一希望小学"；有18位将军到安顺场视察工作，并到中国工农红军强渡大渡河纪念馆参观；有80余位省、部级领导到安顺场视察工作；有40余位红军后代情系安顺场，吊唁革命先烈；有30余位国际友人参观安顺场，参观中国工农红军强渡大渡河纪念馆。2000—2015

年，安顺场中国工农红军强渡大渡河纪念馆共接待游客350.9万人次来参观吊唁革命先烈，弘扬红军精神。

集镇建设

【规划】　主要有《安顺场历史文化旅游区详细规划》《石棉县安顺场城镇总体规划》《安顺场历史文化旅游区总体规划》《安顺场修建性详细规划》等规划。

【基础设施建设】　基础设施建设主要有集镇路面硬化、商业步行街打造、自来水厂建设、泄洪道工程、垃圾中转站、污水处理设施、光纤线路架设等。

昨日安顺

生态观光农业园区：省政府批准，聘请四川大学设计生态观光农业园区，总投资1758万元，包括防洪堤和造地工程等两个部分。防洪堤工程按50年一遇的防洪能力设计施工，并实行以堤代路；堤面河堤公路宽8米，路两边有防护栏，路里面有防护带，

今日安顺

投资 585 万元。造地工程实行山、水、田、林、路综合治理，地最下面是垫层，中间是 40 厘米的黏土层，上面是 40 厘米的耕作层，耕地内有主渠、分支堰渠、排水沟、环形交通道、生产道路和泄洪道。造地面积 403 亩，其中净耕地 369 亩，总投资 1173 万元。

安顺老街旧貌

供水工程：安顺乡供水厂位于安顺村营盘山，取水点位于先锋乡月亮沱，总投资 508 万元（其中解放军总后勤部援建 130 万元），2010 年 6 月 5 日建成，对饮用水进行标准化处理，提高了全村群众饮用水质量。

安顺步行街

泄洪道工程：总投资 400 万元，修建堰渠、箱涵、挡土墙，2015 年 12 月完成。

商业街工程：包括综合中心区规划（商业街建设）和集镇路面高标准硬化、排污管网铺设、绿化亮化等工程，总投资 3400 万元。

污水处理站：建设污水处理站，对集镇污水进行集中处理排放，总投资 300 万元。

垃圾中转站：2011 年 11 月动工修建，建设日处理能力 45 吨的垃圾中转站一座，以及管理用房等配套设施，建成覆盖安顺、先锋、蟹螺等三个乡的垃圾中转站，解决垃圾回收处理问题。总投资 140 万元，2012 年 6 月竣工投入使用。

核心区公产房建设：核心区建设 17 栋公产房、1 处戏台，所有房屋均为全木质结

构，层数为一层或局部二层以及二层，占地面积1.02万平方米，建筑面积为8916.08平方米。

红军强渡大渡河纪念地：红色旅游景区基础设施建设工程，总投资2500万元，2015年动工，2016年竣工。

中国工农红军强渡大渡河纪念馆：2002年3月动工修建，2004年5月正式建成开馆。占地面积20亩，建筑面积5347平方米，采用仿古代唐式风格，对称布局，总投资2300万元。

三园建设工程：2015年12月动工修建，2016年6月竣工，主要包括黄果柑和枇杷母本园、繁育园、试验示范园等建设项目，位于安顺村一、二、四、五组，由土地改造黄果柑和枇杷栽植、科技示范与景观提升改造三个项目组成，占地78亩，总投资1500万元。

光纤线路架设：完成光纤线路架设，实现互联网络全覆盖，提高安顺场信息化程度。

【服务设施建设】　完成基层政权、乡卫生院、乡中心校、派出所、供销社、电信、邮电、税务、信用社、法庭等公共服务设施建设，总投资1760万元，完成了游客中心、星级厕所、停车场、文化广场等公用设施建设。

【民房建设】　主要包括农房灾后重建和移民房共488户，其中灾后重建218户，移民270户。安顺老街灾后重建涉及218户，建设经费采取地方财政补助和农户出资相结合的形式，建安置房218套，面积4.76万平方米，以川西民居风格为主，安置房总投资6200万元，基础设施总投资2500万元，2009年7月

民房新居

12日动工修建，2010年12月30日竣工；安顺移民房共修建270套，面积4.12万平方米，2006年3月启动建设，2008年3月竣工搬迁入住，移民房总投资2526万元；建设生产园地403.5亩，总投资1786万元。

【集镇管理】　制定《集镇管理队伍工作职责及考核管理制度》《安顺保洁员工作职责及考核管理制度》等5项制度；建集镇保洁队伍1支42人、集镇管理队伍1支4人；配备洒水车1辆、垃圾清运车7辆；全天候开展集镇保洁，开展卫生活动年均40余

次，卫生检查80余次。

荣　誉

【国家级荣誉称号】

乡获得荣誉：2000—2015年，安顺彝族乡获得国家级荣誉称号6项：重走长征路红色四川行推荐景区（2015年2月，中国电视艺术家协会旅游电视委员会）、全国人文社会科学普及基地（2013年7月，全国第十五次社会科学普及理论研讨与经验交流会）、全国重点文物保护单位：红军强渡大渡河遗址（2006年5月，中华人民共和国国务院）、全国爱国主义教育示范基地（2001年6月，中共中央宣传部）、国家级AAAA旅游景区（2013年9月，全国旅游景区质量等级评定委员会）、全国文明村镇（2015年2月，中央精神文明建设指导委员会）。

"全国爱国主义教育示范基地"奖牌

村获得荣誉：2000—2015年，安顺彝族乡所辖村获得国家级荣誉称号3项：获得全国绿色小康示范村、中国乡村旅游模范村、2011年中国最有魅力休闲乡村。

【省级荣誉称号】

乡获得荣誉：2000—2015年，安顺彝族乡获得省级荣誉称号21余项：四川省历史文化名镇（1982年，四川省人民政府）、四川省创建安全社区知识竞赛活动优胜单位奖（2013年4月，四川省人民政府安全生产委员会办公室）、全省创先争优先进基层党组织（2012年9月，中共四川省委）、四川省城乡环境

"全国文明村镇"奖牌

综合治理环境优美示范乡（2012年4月，中共四川省委、四川省人民政府）、全省先进基层纪检监察组织（2013年1月，中共四川省纪委、四川省监察厅、四川省人力资源和社会保障厅）、四川省"平安家庭"创建工作先进乡镇（街道）（2012年12月，四川省"平安家庭"创建活动领导小组）、四川省民族团结进步创建活动示范乡镇（2012年11月，省委宣传部、省委统战部、省民委）、四川省先进乡镇老年人体育协会（2010年9月，四川省老年人体育协会）、四川省优秀青少年爱国主义教育基地（2006年11月，中共四川省委宣传部、共青团四川省委、四川省文化厅）、四川省乡村旅游特色乡镇（2016年2月，四川省旅游标准评定委员会）、2005年度保密管理省级良好单位（2006年四川省国家保密局）、全省优秀安全生产示范乡镇（2008年1月四川省人民政府安全生产委员会）、全省"发扬传统、坚定信念、执法为民"主题教育实践活动基地（2011年5月，中共四川省政法委员会）、四川省廉政教育基地（2011年4月，中共四川省纪委、四川省监察厅）、四川省安全生产社区（2013年6月，四川省人民政府安全生产委员会）、四川省民族团结进步创建活动示范景区（2013年1月，中共四川省委宣传部、中共四川省委统战部、省民委）、四川省哲学社会科学普及基地红军强渡大渡河历史文化社科普及基地（2013年6月，中共四川省委宣传部、四川省社科联）、四川省中共党史教育基地（2013年4月，中共四川省委党史研究室）、全省农村文化建设示范培育村（2012年7月，中共四川省委农工委、中共四川省委宣传部、四川省文化厅、四川省经济发展与改革委员会、四川省财政厅、四川省住房和城乡建设厅、四川省农业厅、四川省林业厅、四川省旅游局）、四川省城乡环境综合治理环境优美示范村庄（2011年6月，中共四川省委、四川省人民政府）、四川省生态示范乡（2012年2月7日，四川省环保厅）、四川省卫生乡（2013年1月，四川省爱国卫生运动委员会）、四川省亿万农民健康促进行动示范乡（2013年7月，四川省人民政府）、四川省法治示范乡镇（2015年10月，四川省人民政府）。

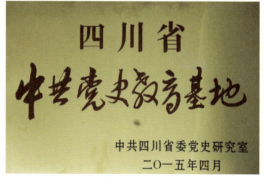

"四川中共党史教育基地"奖牌

"环境优美示范村庄"奖牌

　　村获得荣誉：2000—2015年，安顺乡彝族乡所辖村获得省级荣誉称号11余项。其中，安顺村：四川省文明村（2012年6月，四川省文明委）、四川省生态示范村（2012年2月，四川省人民政府）、四川省环境优美示范村（2014年1月，四川省环保厅）、四川省乡村旅游示范村（2014年，四川省旅游标准评定委员会）、四川省农村文化培育示范村（2012年7月，四川省委农工委、四川省委宣传部、省文化厅、省财政厅、省农业厅、省林业厅、省旅游局）、四川省城乡环境综合治理环境优美示范村（2011年6月，四川省人民政府）、省级卫生示范试点村（2013年1月，四川省爱国卫生运动委员会）、四川省十大最美乡村（2015年6月，四川省委农工委）。新场村：四川省环境优美示范村（2014年1月，中共四川省委、四川省人民政府）、四川省幸福美丽乡村（2015年2月，四川省财政厅）。小水村：四川省环境优美示范村（2014年1月，中共四川省委、四川省人民政府）。

大事纪略

安顺解放以前

【松林地土千户始末】　　清康熙四十九年（1710）设，正式颁发印信号纸是康熙五十一年（1712），管有老鸦漩、白石村、六翁、野猪塘、前后山、料林六土百户，住牧松林地，东至五十里竹马垭口交宁越管界，南至十五里交冕宁葛丹番界，西至二十里弯东、施约交沈边土司界，北至三十里交大渡河界。辖地为河道七场四十八堡，管番民户口共1012户，每年认纳杂粮一百六十二石四斗。

第一代土千户王德治（西番人）康熙四十九年（1710）归附授职。王德治死后于乾隆元年十二月（1737年1月），由第三子王国卿袭土千户职，二子国贵为土通把（翻译官）。第三代土千户为王珠，乾隆四十五年（1780）由王朝相袭其职。第四代无资料可查。第五代为王廷璋。第六代为王

松林土司官邸旧址

应元，因其攻打石达开立功于同治二年（1863）改给土都司世职，换发土都司印信号纸，赏加副将衔。光绪初年王应元死后，由其子宏业承袭土都司二世。宏业死后无子，由第五代土通把王在澄护理土都司印信。光绪二十三年（1879），王德治长子的六世孙王继昌袭土都司三世职。宣统二年（1910）王继昌死，无子，由第七代土通把之子王光祖（字培成）承袭土都司四世职，直到民国16年（1927）由地方人士赖执中等呈请越西县政府废除。

松林地土司从第一世王德治起传到王光祖共历9世，215年。

【石达开兵败紫打地】 1863年，石达开率军从云南巧家渡金沙江入川，欲实现多年"先行入川，再图入扰"的战略方针。是年5月14日黎明，石达开率众抵达大渡河西岸松林河南岸之紫打地（今石棉县安顺场）。由于松林地土司王应元先前令各村寨坚壁清野，强逼紫打地百姓撤过松林河、大渡河，导致石达开兵至之时，场寨皆空，百姓逃匿，欲渡无

太平军马鞍山屯粮处遗址

船。石达开欲夺取松林河铁索桥越过松林河，数次组织将士猛攻，均遭土炮轰击而失利。于是将人马扎于紫打地后山（现名营盘山）和上下坝，将有限粮草囤于马鞍山，并令士兵砍木造筏，力图渡过大渡河而离险境。是夜，大渡河、松林河水陡涨，石达开欲渡不能。5月15日，松林地土司王应元令拆去松林河铁索桥板，以阻石的强攻。5月16日，四川总督骆秉章檄调的总兵唐友耕驰抵大渡河东岸安靖坝设防。5月17日傍晚，石达开组织兵将试渡大渡河与清军交火，被唐友耕部用枪炮轰击于急流之中，未成。5月21日，石达开使用数十只船筏大规模强渡，但由于北岸清军炮火猛烈轰击，击中船筏火药，引起炸裂燃烧，伤亡惨重，抢渡再次失败。是日晚，石达开为摆脱困境，令沿河探路，寻求

太平军激战松林河

生路，复被清军隔岸轰击，遂决意进攻松林河。5月23日，石达开意图攻松林河，由于水势凶猛湍急，抢渡再次失败。5月29日晚，石达开偷渡松林河又没成功，反而被岭承恩占领马鞍山，粮道遂绝。6月3日，石达开指挥将士第三次抢渡大渡河，也被清军抗击，当晚又偷渡松林河，也未成功。6月5日，石达开隔河射书给王应元，要求罢兵让路；6月6日，以复射书要求通商购粮，都遭拒绝。6月9日晨，石达开决心最后一次大规模抢渡，分兵攻渡大渡河和松林河，抢渡未成。是日下午，谢国泰与千总陈太平、土千户王应元督率士兵渡过松林河，参将杨应刚、都司庆吉，委员王樽、颜霖、姜由范，把总史国桢，练目雷随发等，同土司岭承恩从马鞍山压下，两地齐发，直扑紫打地。石达开率领众将士拼力抗击，终因力量悬殊，后山及紫打地场等相继丧失。是日午刻，石达开率兵奋勇向南突围，道经险窄的岩编至小水途中，除受大渡河东岸的清军枪炮袭击伤亡落入大渡河急流者外，相互拥挤落水者甚多，夜宿营小水。6月10日凌晨，石达开再统领将士突围至利济堡，遭到土司岭承恩、王应元前后夹击，形势非常严峻。清军参将杨应刚等到石达开营劝降。当天晚上，石达开深感大势已去，全军覆亡即在眼前，一边与家人诀别，任其王妃五人抱持幼子丞携手投河，老弱部将自溺；一边决心用自己的生命换取跟随他多年南征北战、出生入死、宁死不屈的将士的生命，众将士无不感激涕零。石达开毅然挥笔致书四川总督骆秉章，要求以命舍三军。6月11日，石达开率幼子石定忠、宰辅曾仕和、中丞黄再忠、恩丞相韦普成及余众，从利济堡向洗马姑进发，到达洗马姑清营后，参将杨应刚将石达开父子、曾仕和、黄再忠、韦普成五人监禁，同时对随石达开的老弱军兵逐一审讯后，遣散四千余人，其余的两千多名将士押往大树堡，6月19日被雅州知府蔡步钟派兵全部斩杀。至此，太平天国翼王石达开远征全军在大渡河畔覆亡。1863年6月25日，石达开被杀害于成都。

【紫打地毁于水易名安顺场】 紫打地位于松林河流入大渡河入口处。清乾隆年间，采金村民常集于此，日中为市。嘉庆时聚众益多，为河道七场之首。光绪二十八年（1902）七月八日，寡老鸦山崩，松林河水暴涨，紫打地被全部冲毁，淹死人丁千余口。越西厅同知孙锵亲临视察遥祭，划中

安顺场定名

坝重建新场，取祭文中"山镇久安、河流顺轨"之义，定名为安顺场。民国22年（1933）经越西县议会批准，曾易名为安农场，解放后仍用安顺场。

【创办安顺场初等小学堂】　光绪二十九年（1903）安顺场义恤祠内兴办义学，经费来源于地方捐资和公产，聘请当地秀才授课，是县域第一所启蒙学校。光绪三十三年（1907）改为安顺场初等小学堂。民国3年（1914）易名为安顺场初级小学。民国17年（1928）改为安顺场高级小学校，由赖执中任校长，张太勋任教导主任，校门口高悬"大学之基"四字。

【设置安顺乡】　民国31年（1942），实行新县制，改联保为乡（镇），将安顺联保改为乡，设置安顺乡。乡政府所在地设在安顺场。

【设立安农指导区】　土司废除后，民国四川省政府在宁属少数民族地区推行政治指导区制度，以便在适当时间置县。民国26年（1937）设拖乌政治指导区，县域大渡河南岸民族事务由其管理，汉民则由乡、保管理，实施"夷汉分治"。西康建省后于民国29年（1940）由讴普政治指导区划出拖乌政治指导区。民国32年（1943）由拖乌政治指导区划从铁宰宰起迄大渡河止的地方，设安农指导区（驻安顺场），负责管辖少数民族事务，直属西康省府派出机关宁属委员会，着力于对民族地区推行"以德化代替威服，以同化代替分化，以进化代替羁縻"的经边政策。

【红军强渡大渡河取得胜利】　1935年5月，中国工农红军渡过金沙江后，为顺利

十七勇士强渡大渡河

地通过彝族地区，夺取安顺场，胜利渡过天险大渡河，中央军委令第一军团一师一团为先遣队，红军总参谋长刘伯承、红军一军团政委聂荣臻分别担任先遣部队司令和政委。5月20日从泸沽出发，5月22日顺利过彝族地区。5月23日，进入"河道"（今石棉县）地域的铁寨子，经筲箕湾、栗子坪、姚河坝、小堡子、擦罗海洋汇、三墩到新场。5月24日，先遣队经过一天一夜的急行军，来到安顺场后的马鞍山。5月24日夜，红军指挥部命令先遣队连夜偷袭安顺场守敌，并夺取木船一只，占领安顺场后，本应立即占领北岸渡口，但天色已晚，且北岸地势险要，到处都是悬崖，河宽水急，无法渡河，当晚先遣队便抓紧时间休息。5月25日早晨，红军指挥部经过挑选组成了一支由十七勇士组成的奋勇队，每人配一把大刀、一支冲锋枪、一支手枪、五至六个手榴弹，由二连连长熊尚林担任队长。当日上午九时部队整装集合，萧华作了战斗动员，杨得志一声令下，熊尚林等九名勇士在火力掩护下，由当地船工帅士高等八人摆渡，乘船向北岸驶去。敌人以密集的火力向木船射击，子弹、炮弹打在木船周围，激起无数的水柱和浪花。神炮手赵章成瞄准敌人的工事，两发炮弹摧毁了敌人两个碉堡的火力点。在团长杨得志的指挥下，机枪、步枪猛烈向敌人开火，把敌人火力压了下去。在炮火连天和惊涛骇浪中，九名勇士和八名船工沉着勇敢，拼力向对岸划去。眼看木船颠颠簸簸地将要接近尖石包靠岸时，船突然被急流冲到桃子湾，撞在一个大礁石上，船旁边喷起白浪，再滑到礁石下游的大漩涡中，船马上就要翻了。在这千钧一发之际，四个船工勇敢地跳下船去，用背顶着船只，另外四个船工用船篙把船抵在岸边。这时，碉堡里的敌人疯狂地冲下来，在这短兵相接的关键时刻，赵章成射击炮弹不偏不歪地在敌群中开了花。重机枪打得敌人东倒西歪，一个接一个倒下去。在红军强大火力掩护下，九名勇士飞一样跳上岸去，一排手榴弹，一阵冲锋枪，把冲下来的敌人打垮了，占领了韩营山下河滩渡口工事。紧接着，一营营长孙继先带领其余八名勇士顺利渡过河去，与第一船渡过的九名勇士会合。但敌人并没有就此罢休，又一次向孙继先和十七勇士发起反扑，企图将立足未稳的红军赶下河去。红军的炮弹、子弹又一齐飞向对岸的敌人，烟幕中，敌人纷纷倒下，勇士们齐声怒吼，猛扑敌群。十八把大刀在敌群中急起急落左劈右砍。霎时间，号称"双枪兵"（带的烟枪和步枪）的川军被杀得溃不成军，丢盔弃甲，拼命向敌团部方向逃跑，整个河北敌人向富林方向溃逃。红军胜利地控制了渡口。木船又退回南岸，接连不断地行渡。红军又发动群众在安靖坝找到一只沉船，并动员木匠修好另外一只破船。第二天红军有了三只渡船。船工也陆续增加到七十多人，红军专门成立一个渡河指挥部，由船工刘学仲负责指挥，分成四班采取人歇船不停的方式日夜摆渡，一连七天，就把一军团第一师三个团和干部团渡过了大渡河。这四个团组成右纵队，溯大渡河而上，配合主力左路纵队飞夺泸定桥，红军战胜了天险大渡河。

美国记者埃德加·斯诺与强渡大渡河的勇士们的合影

【刘湘挖掘石达开窑藏金银内幕】　1936年夏，越西县安顺场土著赖执中持其祖父保存下来的石达开窑藏示意图和石达开所赠嵌有蓝宝石的佩剑一口去成都会见他父亲的同事以及当时的显要唐秋三、廖佩纯、张德中、冯骧父和王云舍等人，省政府机要秘书廖佩纯即向刘湘透露了越西县赖执中携带石达开窑藏金银财宝的示意图来省的消息，此时正值刘湘处于经济窘迫之时，得此消息，喜出望外，认为机不可失，当即决定挖窑。为了保密，他立即将原越西县县长蒋宗周调职，由唐秋三继任县长。为掩护和保证挖窑工程的顺利进行，刘湘还特地采用宁属森林矿产调查队的名义，配备武装进驻越西，并指派绥靖公署少将副官韩祥麟为领队，十七师中校营长聂中阳带领工兵进行挖窑，所率工兵一千多人，唐三秋负责后勤，参与者还有原二十一军政务处长任心言和冯骧父、廖佩纯、张德中、王云舍以及窑藏图纸保存人赖执中。挖窑挖到第一穴、第二穴时有鎏金铜山和较完整的金玉零星物件，当即由挖窑队装箱运往成都，交廖佩纯转交刘湘的夫人刘周书收存。刘湘得到这些宝物后，对挖窑更加迫切，并电告韩祥麟及县长唐三秋，继续努力开挖，尽快使窑藏金银财宝出土。但事与愿违，正当挖窑队欢欣鼓舞开凿第三穴室之时，被蒋介石的特务侦知，蒋介石重庆行辕立派一支川康边区古生物考察团，由马长肃博士（古生物及人类学专家）、南举星（中央特派员）与德籍顾问韩劳德等十余人组成进入宁属，干扰挖窑，但考察毫无结果，即离越西回南京，之后中央行政院与故宫古物保管委员会共同电告：川康绥靖公署及四川省省政府，禁止地方机关借任何名义擅自开发森林矿产及毁凿古迹文物，已开挖者立即停止，未开挖者，严加保护。同一时期，又将刘湘调职，令其担任第七战区司令长官，克日率部出川。至此，刘湘开挖石达开窑藏的工作被迫中止。

【乡民参加大渡河游击支队】　1949年10月，大渡河游击支队在中共川西临时工

作委员会领导下成立，隶属川康边人民游击纵队。11月30日集结于名山，12月14日随纵队开赴邛崃，参加阻击国民党西南军政长官公署副长官胡宗南、四川省政府主席兼保安司令王陵基部队逃窜西康的作战行动，后进驻大邑县城。1950年2月改属中国人民解放军第六十二军一八五师五五三团，进军荥经，解放农场（今新棉镇），参加"河道"等地的剿匪作战和征粮工作。1949年10月，安顺乡数10名农民加入大渡河游击支队，参加在邛崃、大邑等地阻击国民党败军和进军荥经、汉源以及解放农场的战斗，参加"河道"等地的剿匪作战征粮工作，为解放战争最后夺取胜利做出了贡献。

安顺解放以后

【安顺解放】　1950年3月25日，中国人民解放军六十二军一八五师一营、三营在大渡河游击支队的配合下，歼灭胡宗南田中田部，安顺乡域全部解放。

【减租退押】　1951年6—7月，安顺乡充分依靠雇农贫农为骨干，积极开展减租退押工作，召开诉苦会20次，广泛提高群众觉悟，对恶霸地主进行面对面斗争会16次，农民分得粮食11.32石，金子5.6两，银子40.27两，衣服237件，牲畜16条（只），人民币192.4万元（折新币1924元），其他26件。农民真正实现了当家做主。

【土地改革】　1951年5月，安顺乡按照县委制定的《石棉县土改工作计划》，从"四大运动"入手，以土改为中心，在全乡汉族地方开展土地改革运动。1952年1月20—26日，全乡开展没收、征收土地运动；2月20—26日，分配土地。全乡共没收地主的田336.25亩，地1565.1亩；征收田43.8亩，地332.7亩；没收房屋215间，征收房屋92.44间；没收耕畜25头，没收农具234件；没收地主多余粮食7748.5斤。在土地改革中，有272户农民1072人分得田336.27亩，地1609.1亩；有农民253户829人，分得黄谷等粮食5.945万公斤，另有部分农户分得房屋、耕畜和农具等，消灭了地主阶级和封建土地所有制。1953年，对全乡农户使用土地填发使用证，对公田、公地签订出租契约。

【镇压反革命】　1951年6月24日，安顺乡按照县委严厉镇压反革命分子的指示，在全乡范围内开展镇压反革命分子运动，成立了乡清整积案委员会和乡反革命案件清查委员会，认真执行"严肃与谨慎"相结合的方针。7月31日，130多人配合人民武装自卫队，将解放前带有血债、解放后又参与制造"美罗暴动"的大匪首黄某击毙。10月1日，彝族同胞4人自带干粮上山，捕获匪首沈某父子，缴获俄式枪两支，从而基本消灭了全乡的反革命残余势力，巩固了新生的人民政权，确保了社会秩序的安定。

【互助合作运动】　1952年6月，全乡土地改革结束后，安顺乡根据中央提出的"组织起来，发展生产"的总方针，按照石棉县第二届第二次各族各界人民代表会议决议，认真执行互助自愿、等价互利、民主管理的三大原则和十项生产政策，在全乡开展了互助合作运动。全乡建有典型互助组6个72户，劳动力206人；常年定性互助组24个216户，劳动力412人；季节性互助组67个574户，劳动力848人；临时性互助组62个514户，劳动力837人。

【统购统销】　1954年9月29日—10月6日，乡党委、政府对经过土地改革的汉族地区农民进行党在过渡时期总路线及粮食统购统销政策宣传教育，全乡统销户101户，统购粮食5.335万公斤，又按实际情况对居民定时定粮填发了购粮证。

【农业合作社】　1955年9月，全乡贯彻中央关于农业合作化的指示，掀起农业合作化高潮，建有初级社6个155户，占总农户的28.25%。1956年，贯彻中央《农业发展纲要四十条》，向农民宣传农业生产的发展远景，更加鼓舞了农民走社会主义道路合作化的信心，广大农民积极要求加入农业合作化。到1956年6月，初级社发展到15个，农户395户，占总农户的71.3%。同时，小水村建成高级社，更加显示了合作社的优越性和好处，农民更加积极要求入高级社，全乡又进一步掀起高级农业合作社的高潮，建高级社8个422户，占76.28%。1957年，经过整风运动和社会主义教育运动，农业合作化运动进一步巩固和发展，全乡完成了农业社会主义改造，实现了社会主义合作化。

【少数民族地区民主改革】　1956年6月17日，成立安顺乡劳动人民协会，有会员212人；成立劳动人民武装自卫队，队员62人，配发长枪10支，子弹110发；召开群众大会，广泛宣传民主改革的意义和《凉山彝族地区民主改革实施办法》等政策，发展积极分子，宣传教育面达95%。通过宣传教育，有5名奴隶自动脱离奴隶主，共收缴长枪34支、子弹119发，手枪2支、子弹10发，手榴弹2枚。1956年6月，召开少数民族上层人士和各家支头人协调会，反复交代"民改"的各项方针改策，正确贯彻"宜窄不宜宽，宜轻不宜重"的原则，对奴隶主多余的粮食、耕畜、农具、房屋一律采取征购的办法，明确规定不算老账、不

翻身农奴第一次领得薪酬

挖底财、不退押金、不没收金银和衣物，严禁乱捕乱杀以及各种体罚和变相体罚。全乡没收奴隶主田地1267亩，征购耕牛29头、房屋19间、农具56件、粮食6.97万公斤。除自留田地39亩外，全部分配给奴隶和劳动人民。民主改革期间，政府无偿供应食盐1035.5公斤、白酒453.93公斤、棉布2242.86米、菜油118.57公斤、农具12件，发放安置补助费1.3万元，帮助奴隶安家，扶持其发展生产。7月20日，"民改"进入划分成分阶段，采取自报公议、民主评定的方式进行。在彝族地区共划出奴隶主9户37人，半奴隶62户259人，奴隶19户50人，劳动人民62户282人。在藏族地区划出地主2户11人，劳动人民23户74人。"民改"工作从1956年4月至8月结束，在彝族地区彻底废除了奴隶制度，在藏族地区废除了封建农奴制。民主改革刚结束，少数奴隶主受外区奴隶主和反动势力的教唆和挑拨，出现倒算的迹象。乡党委、政府按照县委的指示，于1957年10月1日在全乡民族地区采用"打牛、吃血酒、钻牛皮"等彝族习俗开展"民改"补课复查工作，组织1个联防委员会、3个联防队、21个联防小组，共217名联防队员，向倒算财物的奴隶主进行斗争，收缴枪支6支、子弹118发、手榴弹3枚。1958年2月10日，"民改"复查工作结束。

【石安公路修建】　　1956年3月5日开工修建，按大车道标准修建，起点石棉，终点安顺场，全长12.16公里，宽2~3米。由安顺、先锋、蟹螺、农场等乡抽调开山工300余人、土方工800人参与修建，1956年9月15日基本竣工，但不能通行汽车，总投资6537.94元。1958年5月又组织力量对该路进行改建，总投资8.1万元。1977年1月—1979年1月，对该路段进行了一次较大的改建，加宽、降坡并铺成沥青路面，道路标准有较大提高，增加了车辆通行能力，提高了行车安全系数。1991年2月，对该路进行加宽改造和全铺设油路，完成土石方3.9万立方米，新铺油路和罩面3万平方米，总投资126.75万元。1997年，省委书记谢世杰在石棉视察工作时，现场办公决定补助石棉县100万元用于改善石安公路建设，对楠桠河桥头至先锋中心校12千米路段按山岭重丘区三级公路标准进行改建，改建后路基宽7.5米，路面宽6.5米，为水泥混凝土路面，总投资300万元。2009年3—12月，"5·12"汶川特大地震灾后重建，对县城至安顺按3级公路标准建设，路面为沥青路面，总投资1300万元。2014年4月，"4·20"芦山地震灾后重建对石安公路一碗水灾后边坡进行治理，建设标准为采用错杆框架梁形式对一碗水段边坡进行防护，全长约44米，增设路堑墙，恢复被动防护网和路测波形护栏，恢复沥青混凝土路约600米，总投资197.69万元。1956—2014年，总计投资1933.19万元。

【知识青年上山下乡】　　1958年，成都市15名知识青年响应党和政府"知识青年到农村去"的号召，来到安顺公社插队落户，他们经过几年劳动锻炼后，全部作了安置；20世纪60年代初期，成都电讯工程学院毕业的5名知识青年到安顺公社新场大队

知识青年到安顺插队落户

下乡落户锻炼；1969—1978 年间，100 余名知识青年响应毛主席"知识青年到农村去，接受贫下中农的再教育，很有必要"的指示，到安顺公社插队落户，接受锻炼，从事农业生产。

【"大跃进"运动】 1958 年 3 月 17 日，安顺乡党委、政府按照县委提出的"鼓足干劲、苦战三年，改变山区面貌""提前四年实现农业发展纲要四十条"的要求，组织干部群众认真学习县委《关于高速发展农业问题的决议》，采取"比先进、赶先进"的方式，实现"让高山低头，叫河水让路，向土地要粮"的誓言，干部群众情绪高昂，信心百倍。为确保全乡 1958 年农业增产 70%，力争 80%、争取 90% 和尽可能地将粮食加一翻目标的实现，全乡张贴挑战书、迎战书 107 张，决心书、保证书 67 张，开动员会 21 次，交流经验 21 条，开展"试验田""高产田""卫星田"等活动，创造了亩产 1.1 万斤的高产田纪录。但是，安顺乡开展的"万斤亩"运动造成了严重的"共产风"和"浮夸风"，"大跃进"运动造成了经济比例失调，使全乡经济遭到严重损失。1960 年冬，县委纠正农村工作"左倾"错误，"大跃进"运动停止。

【小麂公路建设】 1958 年 8 月动工修建，建设规模为简易公路，起点为安顺小水村，终点为安顺麂子坪村，全长 18.5 公里。1958 年 8 月，2000 多民工经过 33 个昼夜备战，完成路基宽 3～4 米的毛路，后又不断改建；1961 年 12 月放弃养护后，道路垮塌，桥梁冲毁，基本不能通车；1982 年又重新整修该路，并保持畅通；2011 年 3—12 月，汶川特大地震后又对该路进行重新建设，建设标准为全长 15 公里，道路等级为 4 级公路，路基宽 6.5 米，车行道宽度为 6 米，为水泥混凝土路面，总投资 1164.77 万元；2014 年 2—7 月，芦山强烈地震后再次对该路进行建设，建设标准为重三级公路，设计时速 30 千米/小时，路基宽度 7.0 米，修复路面，完善交保及排水设施，为水泥混凝土路面，总投资 1157.98 万元。小麂公路是沿途新场、魁沙、麂子坪、小水四村连接乡政府、县城和安顺乡连接擦罗乡的重要通道。

【新场大办钢铁厂】 1958 年 8 月 28 日，县委制定《关于大力加快钢铁生产问题的决定》，提出为实现 1958 年全县工业产值超农业产值，特别是要生产铜 270 吨、铁 300

吨。9月21日，县委在安顺乡新场设立钢铁指挥部，组织万人钢铁大军，按营、连、排编制，在新场开始建造高炉，大炼钢铁，经过数天的白攻夜战，练出毛铁块152吨，钢钯块45吨。

新场铁厂炼铁场面

【人民公社成立】 1958年10月2日，安顺、先锋两乡合并成立安顺人民公社，由33个高级社和11个民族社组成，下辖11个管理区。

【创办公共食堂】 1959年11月，安顺公社率先在全县成立公共食堂，并按照县委《关于坚决保卫和办好人民公社公共食堂的决议》《公共食堂十项管理办法（草案）》《改进农村公共食堂口粮标准的规定》的相关要求，建立公社食堂管理委员会，实行民主管理，做到以人定量，分配口粮，食堂吃饭，节余归己，群众满意。确定每人每天的口粮标准是（市斤16进制）细粮，主劳15~16两，次劳13~14两，半劳12~13两，附劳10~12两，10岁以下儿童10~13两，6~10岁儿童8~10两，3~5岁儿童5~7两，1~2岁幼儿4两，1岁以下婴儿3两。要求公社社员及其家属不能在家起火吃饭，必须到公社下属的食堂统一就餐。做到"政治进食堂，干部下伙房"，要求生产队队长以上干部和全体党团员一律到公共食堂与群众同食堂吃饭，同甘共苦。公共食堂脱离客观实际，挫伤了群众的积极性，至1960年底撤销。

【建立中国工农红军革命文物陈列室】 1962年12月，中国工农红军革命文物陈列室在安顺场建成并接待参观。

【彭德怀接见船工帅仕高】 1966年3月23日，彭德怀元帅在四川石棉矿视察工作时听说1935年帮助红军强渡大渡河的船工帅仕高在川矿医院住院，便请他来。帅仕高来后，彭德怀问了他安顺场的生产情况，帅仕高实事求是地讲了一些情况。

【"文化大革命"运动】 1966年7月，安顺公社认真贯彻中央指示精神，开展"文化大革命"运动。1966—1976年的10年间，安顺公社人力、财力、物力遭到严重浪费，极大地挫伤了广大社员群众生产积极性，全公社经济停滞不前。

【大搞农田基本建设】 1966年10月6日，安顺公社党委召开全社农田基本建设誓师动员大会，并迅速成立农田基本建设指挥机构，像解放军那样实行军事化，公社设团，社长任团长，书记任政委；大队、生产队设连、排，由大队长、生产队长和大队支部成员分别担任党政领导，以保证组织落实和任务的完成；各大队在党支部的领导

拦河造田

下，抽出15%～20%的劳动力编成班、排、连，全公社组成6个农田基本建设专业队伍，有专业队员168人；公社党委要求各机关单位、各行各业、各部门都必须积极地为农田基本建设服务，做好后勤支援工作，号召全社共产党员、共青团员，民兵和各级干部要做农田基本建设的骨干，团结广大社员群众勇敢地站在战斗最前线。农田水利基本建设专业队成立后共开梯田2701亩，坡改梯210亩，改造低产地560亩，兴修整修水堰5条，植树造林48亩。

【水电开发】　1978年1月25日，经四川省水电厅批准，石棉县在安顺公社小水河上修建第一座国营电厂，水头高140米，流量3.2立方米/秒，装机2台，总容量2850千瓦，总投资372万元。1981年12月第一台机组发电，1984年第二台机组发电。1978—2015年，在小水河上又建成欣荣、金洞子、铁矿、川矿园水、两岔河、梅家沟、大中营、康顺、小水河口、小水二级、大河坝、兴发、镇龙、建兴、马河坝、地宝洞、顺发、桐子林、源泉、梅家沟尾水、兴鑫、华文、黑泥巴、顺鑫、泥巴厂等25座电站。在松林河上建松源电站、安顺河口电站等2座电站，在翻身沟建翻身沟电站。至2015年，

小水河上第一座水电站

全乡共建成电站30座，总装机10.2万千瓦。

【落实地主、富农"摘帽"政策】 1979年1月28日，中共中央作出《关于地主富农分子摘帽问题的决定》，对多年遵守政策法令、老实劳动、不做坏事的地主、富农分子，经过群众评审、县委批准摘掉其"帽子"。2月20日，安顺公社党委认真贯彻中央、省、地、县委相关规定，全面落实此项工作，至1981年全部摘掉地主、富农分子的"帽子"。

【落实民族政策】 1979年6月，在县委的领导下，乡党委配合县公安、统战、组织等部门，对1968年1月部分彝族群众组织起来在本公社以惩处"新判"为名逼死黑彝事件进行调查，宣布受害者无罪，恢复名誉，对受害者家属取消"判属"之词，赔偿其财产损失，经济困难者额外予以补助，全社共赔偿财产损失款7689元，困难补助款4539元。1982年，公社党委配合县民委、公安局、法院等对1957年民主改革"复查补课"工作中扩大化的历史遗留问题联合复查，纠正了1957年的历史遗留问题，并给予一次性的抚恤和困难补助1.35万元。

【修建中国工农红军纪念碑】 1980年5月26日，省政府正式公布红军强渡大渡河遗址为省级文物保护单位，同时被省委、省政府命名为四川省爱国主义教育基地，县人民政府根据相关要求，开始筹建安顺场中国工农红军强渡大渡河纪念碑。碑高6.26米、宽3.7米、厚3.2米，正面右上方镶嵌红军战士半身像，下部镶有十七勇士乘风破浪、飞舟挺近、直逼对岸的浮雕，北面正中刻有邓小平书写的"中国工农红军大渡河纪念碑"题词。设计者是叶宗陶。1983年5月，中国工农红军强渡大渡河纪念碑落成。

【实行土地联产承包责任制】 1980年9月，安顺公社安顺大队第二生产队将集体土地全部落实到户，并与农户签订完成国家公购粮，留足集体储备粮，剩多剩少全部归农户自己的承包合同。1981年，安顺公社认真贯彻县委《关于解决联产到劳包户（包干）到户责任制若干问题处理（试行办法）的通知》，解决联产承包责任制中土地、集体财产、多种经营和工副业、农业基本建设和水利设施、债权债务、财务管理、合同制、烈军属和五保户及困难户照顾、大队和生产队干部补贴、计划生育等一系列存在的问题。1982年，完成全社41个组土地承包到户，实行家庭联包责任制。1988年8月，乡党委、政府根据《农村改革引向深入》（中发〔1987〕5号）、《关于稳定和完善土地承包制的意见》（中农研〔1987〕52号）的政策规定，为稳定和完善以户营为主的家庭联产承包责任制，对全乡6个村41个组的集体土地与农户统一合同格式，统一基本内容，以书面形式签订了全乡1769户农民承包的5679亩农业土地承包合同，并在县公证处进行了公证。1998年8月，全乡6个村47个组与1769户农民续签了5679亩承包土地延期30年合同，并向农户颁发经营权证书。

【杨静仁视察安顺场】 1981年7月21日，中共中央政治局委员、国务院副总理杨

静仁在安顺场视察工作，并参观中国工农红军革命文物陈列室。

【老船工两次到红一师做客】 1983年6月3日—8日，韦崇德、龚万才两位老船工到红一师参加建师50周年的师庆活动。6月3日从石棉出发，6月6日早晨到达了河北的一个军营即红一师驻地。一下火车，部队首长将两位老船工迎送上军用小车，直奔师部营地的招待所并让他们在此住下。军、师首长集体到老船工的住所看望。6月7日上午举行师庆活动，两位老船工与军、地首长在主席台第一排就座，参加红一师的师庆活动；下午参观了大型军事演习和实弹对抗演练；晚上观看了反映红一师光辉历史的纪录影片和文艺演出。6月8日上午，红一师召开全师英模事迹报告会，老船工韦崇德由师部安排作了报告，当他介绍到中国工农红军强渡大渡河的情景时，全场发出阵阵掌声。红一师还聘请两位老船工当顾问，帮助编写当年红军强渡大渡河的历史，帮助回忆强渡大渡河其他船工的名单，红一师决定把老船工的回忆搬上银幕并载入史册。6月9—12日，红一师派人陪同两位老船工到北京参观并游览了名胜古迹。6月13日，总参谋长杨得志在参加人民代表大会的百忙中抽空会见了两位老船工。6月19日，两位老船工返回成都。6月22日，成都军区司令员王诚汉、政委万海峰接见了两位老船工，并要两位老人多保重，勉励他们多为革命传统教育做些工作。6月23日，两位老船工返回石棉。1993年6月7日，老船工韦崇德再次参加红一师举办的建师60周年庆祝活动，并向全师官兵做了英模报告，6月26日返回石棉。

【杨得志会见老船工】 1983年6月13日，中国人民解放军总参谋长杨得志亲切会见了当年帮助红军强渡大渡河的老船工韦崇德和龚万才。杨得志是当年在安顺场指挥工农红军强渡大渡河战斗的一师一团团长，该日他正在出席六届全国人民代表大会，当听说韦崇德、龚万才两位老船工从红一师参加建师50周年庆祝活动路过北京时，马上将他们两人请到代表团驻地。当杨得志获知当年帮助红军强渡的老船工帅仕高、张子荣还健在时，希望这两位老人回去一定代他问好。杨得志还与韦、龚两位老船工合影留念，并将合影的照片分别签上名字后赠予两位老人。杨得志接见两位老船工的合影照片被他收录到自己的著作《横戈马上》一书之中，并将此书分别邮赠韦、龚两位老船工阅存。

杨得志在北京会见韦崇德、龚万才两位船工之后，回忆起安顺场一带气候多变，早晚常有风寒，冬季就更加寒冷，倘若穿上部队的军用皮大衣，便能使四位老船工在冬天保暖御寒。杨得志想到做到，立即指示一师给四位老船工邮寄军用皮大衣。8月4日，县政府收到红一师邮来的包裹，是四件崭新的军用皮大衣。第二天，县政府用车将四位老船工接到县上，向他们讲明事由后，分别将四件军大衣转赠到四位老船工手中。老船工手捧着大衣，激动万分，禁不住流下了热泪。

【杨成武视察安顺场】 1985年5月29日，全国政协副主席杨成武到石棉县安顺场

视察工作，作"发展经济，振兴中华"的题词，专程看望了1935年帮助中国工农红军强渡大渡河的船工龚万才、帅仕高、韦崇德，关心了解他们的生产生活情况，并要求随同的县上领导要多关心他们的生活。

【成立安顺彝族乡】 1985年7月6日，经四川省人民政府批准，安顺彝族乡成立。1986年3月6日，安顺乡第九届人民代表大会第一次会议将安顺乡改名为安顺彝族乡，正式使用"安顺彝族乡"这一称谓。

【纪念红军强渡大渡河胜利国家级篮球比赛】 1986年7月28日，为纪念红军长征胜利50周年，中国人民解放军总政治部派出八一女篮、济南军区女篮、空军男篮、广州军区男篮，在石棉县进行了为期4天的篮球表演赛，1万多名观众观看了比赛。1991年4月24日—26日，全国甲级女篮八一、上海、广州军区和四川等4支强队汇集石棉县城参加"安顺场杯"篮球邀请赛，近邻汉源、泸定、冕宁等县和石棉县群众2万人观看比赛。

【杨汝岱视察安顺场】 1988年5月13日，中共中央政治局委员、省委书记杨汝岱到石棉安顺场视察工作，参观了红军纪念碑并作"学习红军万里长征的革命精神，努力完成四化大业"的题词。

【孙继先骨灰抛洒大渡河】 1990年5月25日，中国工农红军强渡大渡河红一师一团一营营长、济南军区原副司令员孙继先将军骨灰由其儿子孙东宁抛洒在安顺场段大渡河中。

孙继先将军骨灰抛洒大渡河

【中央军委援建安顺场小学】 1996年为纪念红军长征胜利60周年，国家计划委员会、中央军委联合拨款30万元修建新教学楼900平方米，县乡配套资金10万余元。新建了校门、值班室，安顺场中心校改名为安顺场八一希望小学。时任中共中央总

中央军委援建安顺场八一爱民小学

书记、中央军委主席江泽民亲笔题写"八一希望小学"校名，杨成武将军亲笔题写了"安顺场八一希望小学"校牌。2006年为纪念长征胜利70周年，中国人民解放军总后勤部捐资196万元、地方政府配套100万元扩建学校。2006年10月24日竣工，学校又更名为安顺场八一爱民学校。2010年中国人民解放军总后勤部援资70余万元修建学校艺术墙，捐资40万元用于学校设备设施采购。

【姜春云视察安顺场】　　1997年7月24日—25日。中共中央政治局委员、国务院副总理姜春云率领国家计委主任、林业部党组书记陈耀邦，国务院副秘书长刘继明，水利部副部长张春园，农业部副部长万宝瑞，中华全国供销合作总社副主任顾二熊，中国农业发展银行副行长马金森，中国农业银行副行长杨明长，国务院农业综合开发办副主任韩连贵，在省委书记谢世杰和省委副书记、常务副省长张中伟的陪同下，在石棉县安顺场视察水电开发、农业发展等工作，了解经济发展状况，并参观安顺红军纪念碑，高度评价了石棉及安顺的经济发展。

中国工农红军强渡大渡河纪念馆奠基仪式

【修建中国工农红军强渡大渡河纪念馆】　　2002年5月，中国工农红军强渡大渡河纪念馆开工建设，占地面积20亩，建筑面积1508平方米，采用仿古唐式风格，布局对称、院落居中，分设展厅四个、报告厅一个和史料放映厅一个，总投资470万元，馆藏228件。馆名由时任中共中央总书记、国家主席、中央军委主席江泽民题写。纪念馆于2004年5月竣工。2004年5月24日纪念馆举行开馆仪式，仪式由雅安市委副书记、市长傅志康主持，省委副书记刘鹏，成都军区副司令员范晓光，省委常委、宣传部部长王少雄，省军区副司令员胡昌政，省武警总队副政委仁焕发，中央党史第一研究部副主任刘孟涛，省文化厅厅长张宗炎，团省委书记罗强，四川农业大学党委书记、校长文心田，雅安市委书记侯雄飞，雅安军分区政委张治荣以及县委、县人大常委会、县政府、县政协、县级各部门、各乡镇领导和来自省内外近万名群众参加了当天的开馆仪式，省委副书记刘鹏代表省委、省政府，范晓光副司令员代表部队对开馆表

示祝贺并作了讲话，县委副书记、县长戴华强代表县委、县人大常委会、县政府、县政协和全县12万各族人民对省、市、部队等各级领导为纪念馆揭幕表示衷心感谢，省委副书记刘鹏、成都军区副司令员范晓光为纪念馆揭匾并种下纪念树，中央电视台、四川电视台、香港凤凰卫视等国内10多家新闻媒体对开馆仪式进行了报道。

【**太平军后裔献战刀**】 2000年7月20日，安顺彝族乡松岗村一组太平军后裔王贵芳将珍藏多年的祖辈留下的一把翼王军宝刀赠予石棉县人民政府，并由县文化局作为历史文物收藏。

【**麂子坪村连续产生两届全国人大代表**】 2003—2013年，麂子坪村连续产生两届全国人大代表，她们是第十届全国人大代表毛兰珍、第十一届全国人大代表毛金花。她们共参加全国人大代表大会10次，在会上提出南桠河流域开发有限公司的税收、石棉民族县待遇、石棉移民后扶、石棉留电30%、民族教育等方面批评、建议、意见5条。

【**龙头石电站安顺移民安置**】 2006年3月启动龙头石水电站安顺移民安置房建设，生产用地总面积403.5亩（净耕地面积369.42亩），总投资1786万元，建设移民房总面积4.11万平方米，投资2520万元。2008年3月完成移民房建设，2008年10月前全部完成搬迁入住，安置移民270户809人，全部为龙头石水电站库区移民，其中海尔村一组约94户262人，大马村一、二组147户468人以及移民建房征地区域内需搬迁安置点的原安置点占地搬迁的29户79人。安置方式有从农生产安置238户780人，自谋职业5户9人，养老保障安置30人。

龙头石安顺移民安置房

【小水工业集中区建设】　2006年修建，地处安顺乡新场村，占地面积3平方公里，主要以发展冶金、非金属矿制品等材料为主导产业。有恒泰昌商砼有限公司、蓝翔冶金材料有限公司、远航电冶有限责任公司、金奎硅业有限公司、蜀宁硅业有限公司、金猛矿业有限公司、顺达有色金属有限责任公司、乾锐有色金属有限公司、华星焙烧厂、东顺锌业有限责任公司、亿欣新材料有限公司、吉普森矿业有限公司、江家山石膏矿、华泰硅有限公司、晶宏矿业有限公司、金瑞化工、华泓新材料有限公司等16家企业。2015年，实现产值18.9亿元，占全县工业总产值的22.5%；吸纳就业人数1600余人，占全县工业就业人数的10%。

【开国元勋子女情系安顺】　2006年8月12日—13日，参加"情系长征路——开国元勋子女重走长征路"红色之旅的新中国开国元勋、将帅的子女、亲属以及随团来宾40余人抵达石棉县安顺场。他们中有周恩来总理侄女、中新社原副社长周秉德，罗荣桓元帅之子、二炮原副政委罗东进（中将），彭德怀元帅侄女、总政治部纪检部原部长彭钢（少将），徐向前元帅女婿、国家信息中心研究所原所长张元生，粟裕大将之子、北京军区原副司令粟戎生（中将），陈赓大将之子、重庆警备区原副司令员陈知建（少将），罗瑞卿大将之子、总装备部原副政委罗箭（少将），张云逸大将之子、石家庄陆军指挥学院原副院长张光东（少将），秦邦宪之子、远洋公司原远洋船长秦铁，董必武儿媳李黎力，国防信息技术研究所领导兼活动总指挥、二炮原副参谋长戚庆伦（少将）。他们参观了中国工农红军强渡大渡河纪念馆，并向红军纪念碑敬献了花篮。

【"5·12"汶川特大地震和"6·18"安顺地震及灾后重建】　2008年5月12日14时28分04秒，四川汶川发生8.0级特大地震，地震使安顺乡6个村、47个组、2537户、7916人受灾。时隔37天，2008年6月18日20时59分，本乡麂子坪村发生4.4级地震，造成3人死亡、11人受伤，全乡灾情进一步加重。两次地震造

"5·12"地震灾后重建基层政权建设：安顺乡政府办公大楼

成全乡农村建设、农房建设、基础设施、公共服务设施、市场服务体系等严重受损。全乡干部群众万众一心，众志成城，投入到抗震救灾和灾后重建工作中去，搜救伤员

11人，紧急疏散和应急安置受灾群众200人，完成130户房屋损毁群众的过渡性安置；全力抢修被损毁基础设施，迅速实现了道路、通信、供水、供电等的恢复；踊跃捐款3.98万元，233名党员自愿交纳特殊党费1.96万元；进村入户，开展疾病防控工作，确保了大灾之后无大疫。全乡没有发生饥荒，没有出现流民，没有暴发疫情，没有引起社会动荡，完成农房恢复重建551户，发放政府建房补助资金1083万元；完成农房维修加固1705户，发放政府建房补助266.8万元；投资1.84亿元，完成公路、集镇、教育、文化、卫生等基础设施建设，如期实现"三年任务两年基本完成"的目标，全乡集镇和农村面貌发生了根本改变，实现了住房大变化、经济大发展、设施大提升、面貌大变样、环境大改善等目标，呈现出人民安居乐业，城乡欣欣向荣，社会和谐的景象。

【四川花卉（果类）生态旅游节暨石棉黄果柑生态旅游节】　2012—2015年，在安顺乡连续召开四届四川花卉（果类）生态旅游节暨石棉黄果柑生态旅游节，即第二、三、四、五届，主题有："走红军路、品黄果柑、游绿色石棉"（第二届，2012年3月17日；第三届，2013年3月16日）、"生态盛宴、群众节目"（第四届，2014年3月16日；第五届，2015年3月20日）。到节会指导工作的嘉宾有中国食品土畜进口商会，四川省政府、省政协、省台办、省科委、省林业厅、省旅游局、省旅游协会、省休闲协会及市委、市政府相关负责人、农业专家、学者等共456人，中央电视台、四川新闻网、雅安电视台、石棉电视台等20余家新闻媒体对活动盛况进行了80余次报道；各地

四川花卉（果类）生态旅游节暨石棉第五届黄果柑节

经销商和游客计4.8万人次参加节庆活动。会上举办了极具民族特色的文艺表演4次、特色产品展销4次、乡村美景影展1次、美食大赛4次、大渡河奇石展2次、欢乐摘果游4次、千人坝坝宴2次。2014年3月16日，第四届节会上，省农业厅代表农业部授予石棉县有机农业示范基地证书。2015年3月20日，第五届节会上，省质监局授予石棉县四川省有机产品认证示范创建县证书。

【徐匡迪视察安顺场】　2012年5月9日，第十届全国政协副主席、中国工程院原院长徐匡迪院士到安顺场视察调研灾后重建、新农村建设和红色旅游开发工作，并参观了中国工农红军强渡大渡河纪念馆。

【"4·20"芦山强烈地震及灾后恢复重建】
2013年4月20日8时02分，四川雅安芦山发生7.0级强烈地震，地震使安顺乡6个村47个组3018户9012人受灾，4人受伤，1人死亡。地震造成农村基础设施、农户房屋严重受损，

安顺新场村四组灾后集中安置点

其中房屋受损1857户（轻微破坏590户、中等破坏521户、严重破坏382户、严重受损及倒塌364户）。灾情发生后，乡党委政府立即启动应急预案，成立抗震救灾领导小组，下设10个工作组。各包村干部组成6个应急救援组赶赴6个村组开展抢险救援、灾情调查工作，转移疏散群众940人，发放临时生活救助粮127.05吨，临时救助金255.83万元；派出民兵10人到震中芦山参加抢险救援工作；组织干部群众向灾区捐款，共捐款7.77万元（社会捐款4.81万元、特殊党费2.96万元）；开展卫生防疫消杀工作，消杀环境面积1.87万平方米、清除污物215吨、清理卫生死角80处、疏通阴沟1732米，确保大灾之后无大疫。全力推进灾后恢复重建工作，完成1495户房屋维修加固，兑付维修加固补助金405.8万元，兑现过渡安置费108.6万元；完成364户农房的灾后重建，发放建房补助金1066.1万元；完成安顺村新村聚居点，新场村三组新村聚居点，新场村四组新村聚居点，新场村五、六组建设点的农房及基础设施灾后重建，总投资1294.35万元；完成小水村八组、新场村等2.5公里机耕道硬化，总投资150万元；完成安顺老

街区古宅恢复重建及基础设施建设、安顺集镇生态恢复、安顺场三园建设等历史文化古镇建设，总投资4800万元；完成石安公路一碗水灾后边坡治理和小鹿公路灾后重建，总投资1355.67万元；完成安顺场八一小学和魁沙小学灾后重建，总投资405万元；完成新场村8组姜家沟泥石流治理工程，总投资217.8万元。如期实现中央提出的"三年基本完成"的重建目标，为实现"五年整体跨越、七年同步小康"的发展目标打下坚实基础。全乡农民住房再次全面大变化，经济再次大发展，设施再次大提升，面貌再次大变样，环境再次大改善，呈现出人民更加安居乐业，乡村更加欣欣向荣、团结和谐的景象。

【创建国家AAAA级旅游风景区通过验收】 2013年6月1日，国家旅游景区质量等级评定委员会委派清华大学教授王兴国、《国家旅游报》经济新闻部主任刘思敏、国家级A评员马有明组成专家组对石棉县安顺场旅游景区创建AAAA级旅游景区进行检查验收。9月13

安顺场AAAA级景区创建验收工作汇报会

日，根据全国旅游景区质量等级评定委员会公告〔2013年第10号〕，石棉县安顺场旅游

首届中国四川大熊猫国际生态旅游节

景区被全国旅游景区质量等级评定委员会评定为国家AAAA级旅游景区。

【首届中国四川大熊猫国际生态旅游节】 2014年12月2日，首届中国四川大熊猫国际生态旅游节在安顺场举行。旅游节以"生态石棉·熊猫家园"为主题，以大熊猫为媒介，展示石棉生态建设成就、多彩风土人情和浓郁乡土特色，提升石棉生态旅游知名度和影响力。开幕式上，中国野生动物保护协会授予石棉县"中国大熊猫放归之乡"称号，知名大熊猫画家林机赠送石棉县《大熊猫回归图》，石棉县为奥运冠军唐琳、殷剑颁发"石棉大熊猫保护形象大使"证书，四川省音协开展了精彩的文艺演出，推出首届中国四川大熊猫国际生态旅游节主题曲《回归》。

悲喜安顺

冀王悲剧地

　　1857年5月，翼王石达开被逼出走后，两年间转战皖、赣、浙、闽等省，1859年5月下旬，在湘南集全军之力围攻宝庆（今邵阳市），失利后被迫退入广西。在广西休整两年。1861年9月，石达开率部四万从广西贵县出发北上，1862年2月17日经湖北利川进入川东石砫厅，并先后围攻涪州、綦江、叙永等地，都不顺。1862年9月，在叙永召开军事会议，决计分道进兵，由赖裕新、李福猷各领一路从贵州绕道云南，设法抢渡金沙江；石达开则仍从叙山（今宜宾市）之南渡江北进。为避开敌军主力，石达开采用避实就虚的战术，经贵州北之桐梓、遵义，黔西之毕节和滇东北之镇雄，几经奋战，1862年11月底，再次突入叙南，在叙南横江几度抢渡金沙江都未成功，并与清军苦战二十余天。战事不利，石达开被迫退入云南。1863年4月，石达开率军从云南米粮坝（今巧家县）渡过金沙江进入四川宁远府会理厅东厅（今宁南县），沿中旗赖裕新北上之路急速北进，行至冕宁泸沽得知越西大道有清军重兵把守，便决定改走小道，于5月14日清晨到达紫打地（今石棉县安顺场）。

太平军安营扎寨之地：营盘山遗址

1863年（清同治二年）4月，石达开率军从敌人防务松弛的云南米粮坝（今巧家县）渡过金沙江入川，北进宁远（今西昌市）。是年5月，石达开兵至泸沽之后，闻越西大路参备，故绕冕宁县城经大桥至铁宰宰、手扒岸、烂泥坪、铜厂、新场，于5月14日黎明进抵大渡河南岸之紫打地（今安顺场）。

四川总督骆秉章即调兵遣将，在紫打地周围百余里设下包围圈，檄调总兵唐友耕一军驻防大渡河北岸安靖坝至万工汛，飞饬雅州知府蔡步钟就近选熟悉地形勤勇进驻富林杨泗营，急调总兵肖庆高、何胜必率湘军中、右两军兼程驰赴荣经，以防石军渡经富林、荣经攻雅安下成都；札饬松林地土千户王应元督带兵以扼松林小河，复调云南提督胡中和率湘军左军驻化村坪至瓦斯沟以为声援，又檄护阜和协谢国泰督本部标兵驰赴磨西面猛虎岗，以堵西路，防石军渡松林河经化林坪过泸定桥至天全出雅安；札饬邛部土司岭承恩带夷兵和越隽参将杨应刚扼竹马、石门坎、洗马姑一带，以堵石军东路，防经凉桥翻竹马过海棠至大树堡复渡大渡河经富林而去；又调南字营游击王松林自冕宁直趋筲箕湾，以防擦罗一线，堵石军退转冕宁复回宁远之途。同时又遣四川布政使刘蓉至富林，调度粮饷，策应各军。骆秉章除先后调集大批汉土官兵纵横百余里"面面张罗，层层设防"外，为防止王应元、岭承恩受石达开贿赂而让路，采取"先重赏岭承恩、王应元夷兵土兵，并许获财物悉赏之"等利诱，并允许抢劫，"以昭激劝而得力"。

5月14日黎明，由于王应元先前急令各村寨坚壁清野，逼令紫打地场新老街百姓撤过松林河，或渡过大渡河，并将原泊于大渡河两岸的渡船随百姓撤离而靠东岸，当石达开兵至紫打地时，场寨皆空，百姓逃匿，欲渡无船。王应元除上禀越西同知周

松林地土司王应元炮台遗址

歧源外，还在松林河北岸组织汉夷土兵沿河防守，石达开欲夺取松林河铁索桥越过松林河，数次组织将士猛攻，均遭土炮轰击而失利。石达开遂将人马驻扎于紫打地后山（现名营盘山）和上、中、下坝，将有限粮草囤于马鞍山，并令士兵砍木造筏，力图渡越大渡河而离险境。

【组织强渡】 5月14日夜，大渡河、松林河水陡涨，石达开欲渡不能。5月15日，在石达开督军继续造筏的同时，王应元下令拆去松林河铁索桥板，以阻强攻。5月16日，骆秉章檄调的总兵唐友耕驰抵大渡河东岸安靖坝设防。5月17日傍晚，石达开组织兵将试渡大渡河，与清军交火，被唐友耕部用枪炮轰击于急流之中，未成。5月21

日，石达开集中了上千人的敢死队，使用数十只船筏大规模强渡，每筏数十人用挡牌护身，拼命抢渡，岸上人马助势，隔岸呼唤，声震山谷，但由于北岸清军炮火猛烈轰击，击中船筏火药，引起炸裂燃烧，石军伤亡惨重，抢渡再次失败。21日晚，石达开为摆脱困境，寻求生路，令数百人执火把，沿河探路，复被清军隔岸轰击，遂决意进攻松林河。5月22—23日，石达开眼看强渡大渡河不能成功，当即选善泅者改由松林河上游的磨坊沟，涉水奇袭松林地土司王应元指挥部，图渡松林小河上溯占领泸定桥，土司王应元的土兵占据优势地形，以逸待劳，太平军再度遭到失败。5月24日，宁越营都司庆吉、委员王樽等及土司岭承恩复带夷兵由左路抄至新场一带，节节攻逼，意在夺取石达开在马鞍山的囤粮地。5月29日晚，石偷渡松林河又没有成功，反而被岭承恩占领马鞍山，粮道遂绝。6月3日，石达开指挥将士第三次抢渡大渡河，也被清军抗击，登筏者悉皆沉溺。当晚又对松林河偷渡，也未成功。石达开及其部属尽管到了粮道断绝、杀马而食，继以桑叶充饥的极端困窘时刻，但仍不失英雄气概，6月5日，石达开隔河射书给王应元，许赠良马二匹、白金千两为酬，要求罢兵让路。王应元从松林北岸回书石达开，拒绝让路。石达开见假道不成，与众将计议之后，6月6日复射书要求

太平军将士激战大渡河

太平军射书王应元要求购粮罢兵让路

王应元通商购粮。石达开在要求通商购粮遭拒绝后，悲愤题诗壁上以明心志，其中有两句为"大军令食乞谁侪，纵死洸江定不降"，"复以利诱土司岭承恩，欲使缓攻，而岭承恩攻之益急"。石达开决心进行最后一次大规模抢渡。6月9日晨，分兵攻渡大渡河和松林河。抢渡大渡河的太平军将士，每数十人乘一筏，人以挡牌蔽身，皆披衔刀，挺矛直立，众筏同时齐发，清军隔岸以枪炮拒之，加之水流湍急，登筏者悉随惊湍飘没，浮尸如群鹜蔽流而下，未登筏者亦多中枪伤亡，抢渡未成。

【兵败突围】 6月9日下午，清军乘太平军强渡失利之机，发起了全面总攻。大渡河北岸用火箭、火弹隔河射击，西边土司王应元率土兵渡过松林河东进，南边越西参将杨应刚率清兵、岭承恩率夷兵从马鞍山冲下，同时对准紫打地营盘山猛攻，石达

兵败突围

开率部誓死抵抗，展开了激烈的搏斗，终因寡不敌众，紫打地大营被攻陷。石达开率部向东突围，道经险窄的岩扁至小水途中，除受大渡河北岸的清军枪炮袭击伤亡落入大渡河急流者外，相互拥挤落水者甚多。夜宿营小水。

王妃抱持幼子携手投河

6月10日早晨，石达开再统领将士突围至利济堡，并收集残部在利济堡安营，当晚，召集部众商议最后出路，准备第二天和敌人决一死战，获胜则进，失败则亡，决不受被俘之辱。深夜，石达开含泪执剑与家人诀别。妻妾马氏、胡氏、潘氏、吴氏等当即投河而死，仅刘氏"效赵朔妻庄姬抚孤报仇"，抱着小儿子石定基由两名卫士护送连夜逃出险地经麂子坪等地，打算投奔李福猷。

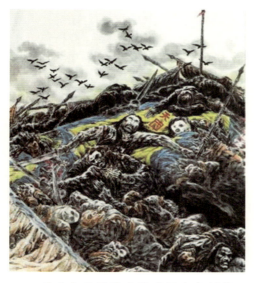

两千太平军将士被清军全部斩杀

【舍命三军】　6月10日晚，石达开深感大势已去，全军覆亡在即，决心用自己的命换取跟随他多年南征北战、出生入死、宁死不屈的将士生命，便流涕对将士曰："妖军方欲生致余，以邀不世之功，余何惜一身以救诸君。"众将士无不感激涕零。石达开乃毅然挥笔致书四川总督骆秉章以求舍命三军。6月11日拂晓，敌兵冲杀过来，石达开率部死战，经乔白马向东南方的凉桥突围。杨应刚率游击王松林到石达开军中，诡称同意石达开的要求，但要他亲自去清营谈判。当时太平军虽处于挫败穷困下，但部众仍然斗志昂扬，他们不相信敌人，也不放心主帅去清营谈判，当场要杀两个清将，杨应刚等惊惶失措，对天盟誓，骗取心存幻想的石达开。6月11日下午，石达开率幼子石定忠、宰辅曾仕和、中丞黄再忠、恩丞相韦普成及余众，从利济堡向洗马姑进发，投入洗马姑清营，清军当即反悔，随即杨应刚将石达开父子、曾仕和、黄再忠、韦普成五人监禁。至于随石达开的老弱军兵，经逐一审讯后，四千余人被遣散，其余的两千多名将士被押往大树堡，由唐友耕派都司唐大有等看押，6月19日被雅州知府蔡步钟派兵全部斩杀。至此，太平天国翼王石达开远征军在大渡河畔全军覆亡。6月12日，石达开和5岁的儿子石定忠及曾仕和、黄再忠、韦普成一行被押解到成都，骆秉章会同四川省文武官员提审石达开4次。石受讯时，皆盘膝坐地上，从未下跪。6月25日，石达开被凌迟于科甲巷，年仅32岁。

【历史故事】

历史故事一： 1863年5月14日，太平天国翼王石达开率兵西征，由冕宁小唱路通过铁寨子来到紫打地，准备过大渡河到川西平原建立根据地，当时北岸安靖坝一带尚无清军防守，但凑巧十四王妃刘王娘生儿子，石达开下令借以造船和休整三天。三日之后，清军重庆总兵唐友耕部队赶到北岸，又遇连

被俘受审

就义成都

日大雨滂沱，松林河、大渡河猛涨，致使翼王石达开兵败紫打地，成为千古遗恨。

历史故事二：6月10日傍晚，石达开决心以死来保全部众，当即致函清朝四川总督骆秉章，愿"舍命以全三军"。深夜，石达开含泪执剑与家人诀别。胡氏、潘氏、吴氏当即在老鸦漩投河自尽，仅刘氏"效越朔妻庄姬抚孤报仇"，抱着小儿子石定基由两名卫士护送连夜出逃，投奔李福猷。清军发现后进行追捕，两名卫士战死，刘氏也被清军杀死，情急之中，石达开的小儿子石定基钻入乱石躲藏，天亮时羽化成石，也就是我们今天看到的石儿山嶙嶙石丛之中，有处峻岩极似一个小孩钻入石缝，外面露翘起瓣圆圆的小屁股形象。

红军胜利场

中央红军于1934年10月从根据地江西瑞金等地出发长征，进行战略转移，突破敌人四道封锁线，渡过湘江后，中央红军依照毛泽东提出的行动方针，改向敌人薄弱的贵州前进。1935年1月遵义会议后，中央红军在毛泽东等的指挥下，转战贵州、四川、云南边界地区，四渡赤水、迂回曲折地穿插于敌人重兵之间，歼灭了大量敌人，随后出其不意，南渡乌江，直逼贵阳，乘虚进军云南，巧渡金沙江，进入川西南之宁属地区（今凉山州），跳出了国民党反动派几十万大军的围追堵截。5月12日，中央红军稍事休整，中共中央在会理城郊铁厂（今会理县红旗区老街乡铁厂村）召开政治局扩大会议。会议主要总结了遵义会议以来的战略方针和对统一领导核心的认识，研究红军过金沙江后的行动，会议强调团结一致、克服困难、顽强战斗，决定刘伯承为红军先遣队司令、聂荣臻为政委，运用他在川军中的声望和熟悉地理民情等有利条件，为全军开路，抢渡大渡河，到川西会合红四方面军。5月19日，中革军委电令全军：由一军团一师一团、军团工兵连、炮兵连、萧华的一个工作队和无线电台组成红军先遣队，进行战略侦察，为中央红军北上开路。刘伯承、聂荣臻带领红军先遣队经泸沽、冕宁，进入彝族地区。在彝族地区，刘伯承与彝族沽基家头人果基约达（小叶丹）在彝海边杀鸡饮血酒结为兄弟，执行正确的民族政策，红军胜利经过彝族地区，并于5月24日晚到达安顺场。

【夜袭安顺场】 1935年5月24日中午，红军在擦罗袭击刘文辉的一个军粮转运站，并将粮食留足三天食用外剩余的全部分给当地贫苦百姓。擦罗离安顺场还有60公里，先遣队战士在这里吃了一顿饭，天色已经不早了，队伍又赶紧出发，经晏如、海洋、新场到马鞍山顶时已是深夜。24日晚，天下着细雨。刘伯承、聂荣臻命令一团夜袭安顺场，夺取船只，强渡过河。当夜，先遣队进行作战部署，三营在马鞍山担任后卫，为预备队并保卫机关，掩护指挥部；二营由团长黎林率领，去安顺场下游农场佯攻，以吸引余味儒的主力；一营由团长杨得志、营长孙继先率领攻打安顺场，消灭守敌，夺取渡口和船只，强行渡河。

一营在漆黑的深夜，冒着雨，踏着泥泞小路迅速向安顺场靠近，尖兵排与安顺场守敌巡逻兵接上了头，红军战士勇猛地扑向敌人，两个连的守敌不到30分钟就被歼灭。红一营的一连和三连，继续肃清残敌，负责街上及附近的警戒，二连负责寻找船只。二连战士沿着河搜索，夺取木船一只，按照中央军委命令，占领安顺后，本应立即占领北岸渡口，但由于北岸地势险要，到处都是悬崖，河床宽300多米，水流非常急，波涛翻滚，河里还有大大小小的暗礁，渡船必须漂渡，且

巧夺孤舟

天色已晚，无法渡河。据当地群众说，要想渡过河去，须得白天由熟知水性的船夫驾驶，一只船要有8个船工，往返一次需要一个小时左右，这时，天漆黑，又无船工，红军又仅有这一只船，它关系着全军的命运，万一冒险渡河失败，后果不堪设想，于是，刘伯承命令部队抓紧时间休息，次日一早起渡。

【农场佯攻】　1935年5月24日深夜，红军先遣队到达马鞍山垭口，天下着细雨，刘伯承、聂荣臻命令一团夜袭安顺场，夺取船只，强渡过河。根据团部分工，政委黎林率领二营到下游佯攻，吸引余味儒团的主力。任务下达后，黎林率二营战士继续摸黑向小水、农场方向前进，于凌晨3点左右到达农场，当时，川军二十四军第五旅七团指挥部驻苏大坪，其目的便是两头照顾和指挥部队互为呼应。敌人的设想是：当红军由岩子村渡河时，就将安靖坝的兵力调至岩子村增援；从安顺场渡河时，就将岩子村兵力调安靖坝增援。驻岩子村渡口的川军是五旅七团一个连，连长是一个姓金的"独眼龙"，在红军到达前，他已命令把农场的房子烧了大部分。红军到达后，进行小分队活动，以稀疏的枪声诱惑和牵制对岸的敌人，并在岩子渡口的对面农场修筑工事，大造渡河之势。5月25日上午，在安顺场的红军强渡大渡河的同时，占领农场的红军也加紧了佯攻渡河的攻击，继之有红军一个班依靠木板从农场岸边泅渡，并与安顺场渡

过河追击川军的红军会合，在野猪岗与川军打了一仗，消灭川军一个连，继而阻击八牌、大冲的来敌，有力地配合了安顺场的部队顺利渡河。

【十七勇士强渡大渡河】

1935 年 5 月 24 日晚，先遣司令部紧张地为第二天强渡做准备工作，派宣传员去附近村子里通过宣传动员找船工帮助摆渡。当地群众因长期受到刘文辉部的种种剥削压迫，早就对刘军不满，特别是这次要烧房子，群众更加愤恨。红军宣传员一去动员就有二十多个船工积极报名，愿帮红军撑船渡河。

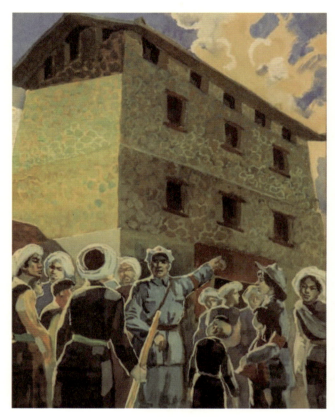

红军向群众宣传动员

由于河面有三百多米宽，水流急，旋涡多，既不能泅渡，也无法架桥，唯一可用的就只有夺来的那只木船。但用这只船渡河也有很大困难，因为敌人在对岸渡口驻有一个营，在岸边峭壁几十米高处修筑有工事，俯视着整个河面。离北岸渡口下游不远的安靖坝还有敌团部在那里，如果双方接上火，他们即可火速调兵增援。这种形势对红军强渡是一次严峻的考验。先遣队的首长们充分地估计到强渡可能遇到的情况，经过反复研究，制定出一个周密而切实可行的具体方案——强渡，必须组织一支极其精悍的奋勇队，乘坐那只小船穿过激流，冲上岸去夺取敌人的工事。同时，还必须在南岸组织强大的火力支援，掩护奋勇队的行动，严密封锁河对岸安靖坝余味儒团主力向北岸渡口增援。

25 日清晨，团长杨得志把挑选强渡人员的任务交给一营营长孙继先。组织奋勇队的消息在各连队传开了，战士们一下子围住了孙继先，争先恐后地报名，孙继先就从二连报名的战士中选出十七名勇士。这些勇士每人配一把大刀、一支步枪、一支手枪、五至六个手榴弹，由连长熊尚林担任队长。

当日上午九时，部队整装集合，萧华作了战斗动员，刘伯承、聂荣臻亲临前线指挥，红一团团长杨得志、一营营长孙继先也战斗在前列，部队中呈现出一片激动人心的场面。由于船太少，一次载不下十七人，加之船工要求多去几个，红军指挥部决定分两次强渡，第一船由熊尚林带领，为加强领导，第二船派营长孙继先负责。

"战斗开始！"杨得志一声令下，熊尚林等九名勇士上了船，由当地船工帅仕高等八人摆渡，在嘹亮的军号声和口号声中，劈波斩浪，飞箭似的向河心驶去。几十挺重机枪一字儿排在河岸上，向对岸敌人扫射。军团炮兵营的三门八二迫击炮也昂首指向河边的敌人。敌人也集中火力向小船射击，一发炮弹打在船边，掀起冲天水柱，浪花飞溅，船上的人衣服打湿了，这时候，南岸司号员惊呆了，情况非常危急，萧华挺起胸膛，亲自吹起军号。刘伯承立即命令炮兵开炮，两发炮弹，把敌人的碉堡轰塌了。趁敌人火力减弱，小船又向对岸冲去，驶过中流，战士们个个抱着奋勇杀敌的决心，准备着冲锋。船快靠岸时，据船工帅仕高回忆："本来我们是想把船靠在对面尖石包（北岸渡口地名）好躲过敌人的火力，但水流很急，船刚一进去就擦着礁石，'砰！'的一声，大家都以为船碰烂了，幸好没有碰烂，但已被冲到桃子湾了。这时，从船上跳下四个船工，拼命用背顶着船，另外四个在船上用力地撑，船才靠了岸。"

九名勇士跳上岸，向山脚冲去。敌人慌了手脚，乱扔起手榴弹，九名勇士利用山崖死角为隐蔽，敌人无目的地打了一阵枪后，看着没有动静，以为勇士们都牺牲了，

十七勇士强渡大渡河

停止了射击。勇士们乘机向敌人的河防工事冲去，占领了敌人设在渡口的工事，为第二船的战友们杀出一条通道，为全军渡河奠定了立足点。第二船的八名勇士在营长孙继先带领下，由龚万才等八名船工摆渡，顺利渡过河去，与第一船的勇士们会合，敌人仍在拼命挣扎，他

飞跃天险

们一次又一次地反扑，企图趁红军立足未稳，把勇士们赶下河去。两船勇士会合后，在南面强大火力的配合下，齐声怒吼，猛扑敌群，雪亮锋利的大刀在敌群中闪着寒光，忽起忽落，左砍右劈，号称"双枪将"的川军被杀得溃不成军，拼命地往北山后边逃窜，孙继先指挥十七勇士控制了渡口工事。立即向山上的敌人发起进攻。因得到

强渡大渡河登岸点——桃子湾遗址

南岸强有力的火力支援，迫击炮弹击毙了涌出的敌人，红军战士冲入了山腰敌军阵地，大刀飞舞，喊杀声震天动地，吓得刘文辉的"双枪兵"（带的烟枪和步枪）丢下阵地就跑。红军占了制高点，向东面余味儒团部猛冲，余团向富林方向溃逃。红军穷追不舍，击溃了沿河下游四十里内的敌人，直到占领美罗场右侧的野猪岗山顶，达到掩护红军主力部队向泸定桥进军的目的，才停止了对敌人的追击。

红军追歼逃敌途中，在下游获得了另一只木船，在安靖坝河边又打捞起一只沉船。第二天红军有了三只船，船工也增加到77

人。为了使渡河能顺利进行，红军成立了指挥部，由船工刘学仲负责总指挥，干部团的政治科学员负责押船，把船工分为六个组，人停船不停，从早到晚轮班开船。渡口两岸各有一排红军战士专门负责拉船，北岸从桃子湾拉到尖石包，南岸从陈家湾拉到小河口。第三天，一只船不慎翻船，有一二十人不幸牺牲，只剩下两只船，使渡河的速度受到一些影响。当时，红军生活非常艰苦，但对船工却很照顾，为了便于船工们吃饭和休息，特地在南岸河边搭了三个棚子。船工们支援红军强渡也很努力，他们不顾疲劳，终日奋战，分成四班采取人歇船不停的方式日夜摆渡，一连七天，总共渡过四个团的兵力。这四个团组成右路纵队，溯大渡河而上，配合主力左路纵队飞夺泸定桥，红军战胜天险大渡河。

孙继先和十七勇士强渡大渡河取得胜利，他们以自己英勇无畏的革命精神，在红军长征史上写下了光辉的一页。他们是：一营营长孙继先；二连连长熊尚林；二排排长罗会明；三班班长刘长发，副班长张表克，战斗员张桂成、肖汉尧、王华亭、廖洪山、赖秋发、曾先吉；四班班长郭世苍，副班长张成球，战斗员肖桂兰、朱祥云、谢良明、丁流民、陈万清。

【决策抢夺泸定桥】　　1935年5月26日上午，张闻天、毛泽东、周恩来、朱德等中央领导到达安顺场，听取了刘伯承、聂荣臻等的汇报，研究了如何使全军尽快渡过大渡河的问题。当时一军团一师正在渡河，渡船往返一次，约一个钟头，要使几万人马全部摆渡过河，需要一个月左右，而敌方薛岳的追击部队、李韫珩的五十三师已于5月26日抵西昌以北的礼州。27日，二十四军川康边防军司令刘元璋按薛岳的电令，除留一团守备西昌外，主力向泸沽、冕宁追击，离红军只有几天行程。与此同时，杨森所部二十军也愈逼愈近，先头部队已抵峨边以西的金口河，同样与红军相离只有几天行程。如果中央红军不能迅速全部越过大渡河，非但不能实现与红四方面军会合的战略目标，而且还有被分割在大渡河两岸，遭到敌人歼灭的危险。形势万分紧急，毛泽东根据这一形势，立即决定红军要迅速夺取泸定桥，具体部署是：一师和陈赓、宋任穷领导的干部团到大渡河对岸，由刘伯承、聂荣臻率领，从东岸北上赶向泸定桥，万一会合不了，便到川西开辟革命根据地；由林彪带二师、一军团军团部和五军团，由大渡河西岸赶向泸定桥。5月26日，蒋介石知道上了红军在大树堡佯攻的当，中央红军已在安顺场强渡了大渡河，便携宋美龄、顾问端纳由重庆急忙飞到成都重新部署"围剿"，参谋团亦随同移驻成都。二十四军军长刘文辉也于5月27日赶赴汉源督战，急令所部第四旅由旅长袁国瑞率部开赴泸定桥增防。袁部抵龙八铺（今泸定县兴隆乡）获悉红军正兵分左右两路夹河而上，袁立即命令第三十八团由团长李全山率领火速开到泸定桥，阻击红军左路军从桥上过河；令第十一团由团长杨开诚率领沿大渡河东岸海子山、冷碛一带阻击溯流而上的红一师；令第十团团长谢洪康率部驻飞越岭东西两

面，为总预备队，旅部驻龙八铺。红军得悉敌军的部署，深知如若不抢在敌军行动之前先到达泸定桥，或乘敌军先头部队刚到泸定桥而立脚未稳之际发动攻势，夺桥就很难实现，至少要付出很大代价。因此，中央决定由一军团二师四团为先头部队奔向泸定桥，迅速完成夺桥任务。

5月27日清晨，这支先头部队在团长王开湘、政委杨成武的率领下从安顺出发，经历两天两夜急行军，行走320里，于5月29日拂晓前赶到泸定桥，下午四时许，组织22名勇士为夺桥突击队，夺下泸定桥。

【菩萨岗战斗】 菩萨岗在田湾乡东北十余里，似一堵石壁横挡在通往泸定的路上，两面都是峭壁，中间一条小路，形如上天梯，岗顶是个隘口，真有"一夫当关，万夫莫开"之势。它是通往泸定的唯一咽喉要道，敌二十四军早在一个月前就派了一个营驻守此地，扼守隘口，并在隘口上修筑了几个碉堡和一些散兵土壕，妄图在此负隅顽抗。

1935年5月27日上午，红四团的战士在碗岗遇到十几个川军押着一二十个老百姓到叶大坪军粮转运站背粮食，红军一个冲锋，打得敌人没命地向后跑，并一直追到菩萨岗。红军逼近山脚时，已近中午，遭到先前击败的逃敌和菩萨岗守军的阻击，形成相持局面。红军找来青年农民苏光先，向他了解菩萨岗四周的地形情况，决定兵分两路进攻：一路从正面由苏光先带路到半山腰的麦地坡桑树下，隐蔽在岩窝里，时而放几枪，诱惑敌人把注意力都集中到正面方向；另一路由农民杨篾匠带路从左边攀藤附葛，越过荆棘丛生的高山，悄悄迂回到敌人阵地的后面。当敌人正在用机枪向正面猛烈射击时，红军从敌后发起了突然袭击。山顶的枪声、喊杀声大起，正面红军也乘势发起了猛烈的进攻。在前后夹击下，敌人顿时乱成团，四散奔逃，敌营长骑马逃跑，

菩萨岗战斗遗址

两个红军战士打伤了他的马腿，他被活捉。敌军一个连长妄图顽抗，用枪威胁士兵不准后退，反被士兵打死；另一个连长被活捉。黄昏时，红军占领隘口，并继续追击向猛虎岗溃逃的残敌，当晚在菩萨岗北面5公里处的什月坪宿营。

菩萨岗这一仗，红

悲喜安顺

军消灭敌军3个连，俘虏一百多人，活捉敌营长、连长各一人，缴步枪百余发、手提机枪十多挺，其他军用品甚多。敌军死亡38人，红军牺牲1人，受伤2人。

【野猪岗战斗】　野猪岗位于新棉镇向阳村5组。1935年5月25日，中央红军强渡大渡河取得成功，后续部队紧接着渡河，红军趁势追击逃敌，攻下防守在安靖的敌团部，并在农场与佯攻渡河的二营一部会合，一举扫除了20公里内的沿河敌军。扼守在野猪岗山顶的敌军妄图阻止红军前进，

野猪岗战斗遗址

双方经过2个多小时激战，红军歼敌百余人并乘胜追击。

【一日三战】　1935年5月26日下午，刘伯承、聂荣臻按照中革军委的行动部署，迅速渡过安顺场渡口，率除在安顺场下游三索窝一带监视富林方向来敌的其他过河部队，沿大渡河东岸北上，担任策应大渡河西岸红军和共同夹击泸定桥的任务。当晚，刘伯承、聂荣臻所率领的先头部队宿营里约。

次日天亮，红军先头部队发现前日在强渡大渡河时被击溃之敌，立即向敌人发起了攻击，双方经过一阵激战，敌军溃逃。早饭后，刘伯承带一部分部队先行一步，去占领道路中的一个隘口，聂荣臻率部随后，边走边审问俘虏，得知安靖坝被击溃之敌残部已集结在红军行军路线右侧的上干池，伺机居高临下，妄图将红军压向大渡河，聂荣臻将此情况迅速告知刘伯承并分析当前局势。当时，先头部队只有黄永胜带领的红三团，其他部队还没有赶上来，刘伯承立即命令团长黄永胜、政委林龙发率三团

上干池战斗遗址

· 81 ·

背水祥攻，红军一鼓作气接连占领上干池几个山头，使得刚刚集结的败兵又一次溃散，从而确保了中央红军右路军的安全。当天下午，右路军经过干谷地、豹子顶、花生棚子等地，在庙儿岗突然与刚赶到这里阻击红军的刘文辉第五旅第二十团前哨部队遭遇。两军相遇勇者为胜，红军发起猛攻，敌人利用险要地形节节抗退至挖角坝。红军乘夜幕降临之际，将部队散开呈扇形进攻，川军二十团全团人员伤亡惨重，向王岗坪方向退去，并在山上收拾残部向荣经方向逃去。当晚，中央红军右路军宿营挖角，是日行程六十余里，与川军交战三次，缴枪百余支，俘虏四五十名，开辟了大渡河右岸顺利北进的道路。

【猛虎岗战斗】 猛虎岗位于石棉县田湾乡跃进村1组。1935年5月28日，中央红军左纵队先遣团在猛虎岗与据守在山顶隘口中的敌川军1个营展开一场激战，敌人慌忙向泸定方向溃逃，红军乘胜追击，越过湾东河，进入泸定县境内。5月29日凌晨，红军到达田坎后，兵分两路，一路沿河而上，一路翻上

猛虎岗战斗遗址

白海子山，在四团4个营的两面夹击下，攻占了沙坝天主教堂和泸定桥头，从而为抢夺泸定桥占据了有利地势。

【打土豪分粮食】 红军爱憎分明，十分注意遵守群众纪律，对土豪劣绅则毫不手软。擦罗的民团团长李某某是个大烟鬼，平时欺压百姓，红军快到时，他迫于红军的威势，投机取巧，搞了些红布、鞭炮、装模作样去迎接红军。红军把他捆起来带走了，同时被捆走的还有擦罗军粮转运站站长汤某。红军将这些粮食除留足三天食用外，剩余的全部分给当地贫苦百姓。在新场的三墩，红军抄了地主汤某某的家，把他的粮食和衣物分给群众，还杀了他一头猪，叫群众吃，叫群众不要怕。在安顺场，红军把赖某某的住宅围着，赖为了转移目标逃走，命人放火把临街面点燃，红军不仅自己救火还对救火的群众每人发三个钢洋，受到损失的群众也给补助，还把没收来的设在金花庙内的军粮转运站的部分粮食分给了群众。红军在安靖坝抄了民团团总张某某的家，把他的粮食和衣物分给了群众。在哑垮，红军抄了地主高某某的家，抄出八坛酒、八背腊肉、十二块丝、一大堆钢洋和首饰，又烧了一撮箕地契、借约等。在海尔

擦罗开仓分粮食

纳耳坝红军救民于水火

洼，红军抄了国民党西昌参事恶霸地主周某某的家，把他的粮仓打开，叫群众去背粮食，还将两家土豪的猪也杀了，分给群众，把周某某也捆走了。在挖角坝，把地主马某某的粮食、衣物拿来分给了群众，同时还没收了另一家大地主山某某的布匹，也分给了群众。在叶大坪（今双坪村）把国民党军粮转运站的粮食也拿来分给穷苦群众。红军沿途对群众宣传、传播革命道理，提高群众思想觉悟，组织群众斗地主、打土豪、除恶霸，大灭了地主阶级威风，大长了人民群众的革命志气。

【舍生忘死援红军】　1935年5月下旬，红军来到大渡河两岸，虽然时间不长，但却给处在险山恶水中备受反动派压迫剥削的大渡河畔人民带来希望。人民终于有了一支属于自己的军队，红军为民奋战，人民临危相助。1935年5月25日，在强渡大渡河的激烈战斗中，77位船工与红军风雨同舟，生死与共，冒着生命危险驾舟疾进在枪林弹雨和急流之中，胜利地将红一师和干部团载渡过河，其中刘元清、宋明清、郑金安、姚贵友、石清意、王有论、陈一金、余正论、刘老七9名船工还献出了宝贵的生命。一连七天，沿途老百姓不仅主动为红军挑水、推磨、做饭、熬药，还跋山涉水、不辞辛劳为红军带路，送红军过境。5月23日，彝族毕摩沙马马海帮助红军带路，使红军顺利地翻越拖乌山，经栗子坪、擦罗、新场，过马鞍山，到达安顺场。5月底，红五军团十五师政治部破坏科科长李胜因腿伤无法行走，留在田湾老乡杨培武家养伤。红军走后一天多，刘家军来了，杨培武请张源清将红军战士李胜背上三道坪，在张家躲了10多天，才又背回杨家，并将其安置在家中屋后方的土洞子里躲了40多天。在杨培武的精心护理下，3个月后，李胜身体痊愈。3年后，经杨培武介绍李胜与当地一个名叫伍安秀的姑娘成了家，根据当地风俗习惯，改名为伍彭清。5月27日，红四团急行军到达菩萨岗，遭到川军一个营的阻击，当时年仅25岁的农民苏光先、杨篾匠带路做向导，帮助红军一举歼灭菩萨岗守敌，并乘胜追击占领什月坪，为红军赶往泸定桥赢得了时间。5月24日晚，红军夜袭占领安顺场，安顺场老乡帮助红军找船，积极为红军提供船的线索，在老乡的帮助下，二连在河边找到了一只船。5月28日，红军战士钟雪辉行军到田湾什月坪时拉肚子、打摆子、病重掉队，被二十四军捉住脱光了他的衣服，

海尔洼开市迎红军

一位姓刘的老乡赶紧给他送来了衣服。后来，钟又被民团捉住，得到当地几个妇女出来作保，才得以放行，并被老乡刘太安家收留养病。5月27日，红四团来到海尔洼（今新民乡海尔村）时，街上到处贴着标语，群众沿街摆了开水和食物欢迎红军。5月28日，后续部队又陆续经过这里，越来越多的群众站在街的两旁欢迎红军，不少群众做了吃的东西送给红军。

民族风情

彝　族

【彝族源流】　彝族迁居安顺乡，始于明万历十五年（1587），主要从冕宁、越西、喜德、甘洛迁入。有阿鲁支（黑彝）及隶属民阿候支从越西迁居麂子坪一带发展，在此地繁衍13代。清道光年间（1821—1850），果基支（黑彝）从冕宁县迁居栗子坪，与九龙县的罗洪（黑彝）、洛伍（黑彝）等支有婚姻关系，势力强盛，逐渐向安顺发展。随迁的隶属民有莫洛、井木、那几、井口等支，繁衍至今有8～11代。冕宁、越西、喜德、甘洛等地的部分彝族联姻或投靠家支也先后迁居安顺，形成明清时期的迁徙高峰。民国3年（1914），冕宁地区奴隶起义失败，参加起义的家支成员遭到捕杀，涉及整个凉山地区，俄尔、沙马、吉克、阿加等支被迫迁居安顺，至今已繁衍6～8代，又形成民国初年的迁徙高峰。解放初期，因联姻、投亲等原因，邻县有大量的彝族移迁到安顺。1985—2000年，先后有绿支、罗洪、井木家从乡境外迁到本乡的马鞍山、大包山、热窝山居住。至2015年，有果基、罗洪、莫洛、啊寿、弄中、莫省、洛伍等31个家支，人口3160人，占全乡总人口的33.75%。

【彝族社会制度】

等级制度：民主改革以前，乡域彝族聚居区奴隶制等级森严，按血统分诺合、曲诺、阿加、呷西四个等级。诺合，汉族称其为黑彝，乡域彝族地区的统治者，占全县彝族人口的8.2%，占有70%以上的生产资料。曲诺，汉族称其为白彝，是被统治阶级中地位相对高的阶层，占彝族人口的80%。阿

家支会议

加，汉族称其为安家娃子，是被统治阶级中地位高于呷西、低于曲诺的一个等级。呷西，汉族称其为锅庄娃子，是彝族奴隶社会等级最低的人。奴隶制下的等级制度森严不可逾越，等级之间界线分明：诺合永远是诺合，无论贫穷还是富有都自视清高；曲诺是被统治的等级，即使拥有万贯家财，奴仆成群，也不可升为诺合等级；阿加和呷西是终身为主人服务的奴仆。等级制度束缚着社会发展，1956年民主改革，乡域废除了彝族等级制度。

家支： 家支是彝族社会特有的以父系血缘为基础、父子连名为纽带而连接起来的组织，是彝族奴隶制社会的自然基本组织形式。域内家支有诺合和曲诺等31个家支。家支组织的日常事务由头人和苏易办理，对外依靠家支力量掠夺他人，扩大势力范围或抵御外海，保障家支成员生命、财产安全，对付外族入侵，不受本民族内家支之间冤家关系的影响，一致对外；对内协调矛盾，调解纠纷、互助互济，为有困难的家支成员排忧解难。

头人： 家支头人必须是血统成员，凭自己熟知奴隶制社会的礼法和聪明才智博得家支成员的尊敬而自发形成，与同家支人虽有主次之分，但没有上下级关系，是奴隶制社会家支组织的权力代表。

家支会议： 家支会议彝语叫蒙格，是家支组织的最高权力机构，主要解决家支内外重大事件。召开家支会议时，每个成员都要参加，并自由发表意见，最终由头人根据众人意见作出裁决；有时还举行打牛或打鸡等明誓的形式来约束家支成员。民主改革废除了家支组织中带有奴隶制社会阶级意识的陈规陋习。

【彝族习俗】

饮食： 乡域彝族的传统炊具和餐具主要是以竹木为原料的自制品，并漆以黑、红相间的花纹，做工精巧，造型朴实大方、耐温耐腐、不易损坏。主食主要是玉米、荞麦、马铃薯，辅以菜羹。坨坨肉鲜香可口、肥而不腻、瘦而不绵；竽竽酒清香可口，是乡域彝族传统特色食品，也是待客的最好食品。乡域彝民每逢喜事、逢年过节、亲朋聚会均有酿竽竽酒的习惯，也会做糌粑面和酸菜。

饮 食

住房： 传统住房多为依山而造，低矮简易，以带叉的木棒做支架、竹笆为墙，房顶用竹笆或木瓦板盖盖的笆笆房，多无床、被。随着经济发展，有床者床多为木棒捆制，铺以竹笆和毛制垫毡。现住房多以砖木砖混为主。

服饰：传统彝族服饰款式中，男、女皆穿开襟窄袖上衣，袖口、领口和襟边绣有花边，佩戴耳环（男子左耳）、戒指、手镯。老幼均披擦尔瓦一件，用以御寒防雨，男子头顶或前额留一绺拳头大的头发，汉族称其为"天菩萨"。头帕搓成条状，缠成交叉圈或缠成并列形，青年男子缠有"英雄结"。裤脚较宽，赤脚或穿自制草鞋，打绑腿。女子头顶饰花方帕，发辫压在帕上，帕的前沿遮额，后沿盖劲；生育后换荷叶夹层帽，帽后正中饰有箭条。幼女则饰以齐腰绣花条饰，衣长至膝，袖长过腕、袖口窄小，身穿长拖及地的百褶裙，裙右侧有三角形个饰花包，下端垂有彩穗。擦尔瓦、披毡和裙是乡域彝民最具特色的外套服装，擦尔瓦和披毡是彝人必备物，白天披之御寒防雨，夜晚盖之暖身，家居野宿，皆缩头其中，裹之而息。

服饰

歌舞

歌舞：乡域彝民能歌善舞，好骑马射箭，尤在节日或婚丧期间借歌舞抒发内心的感情，乐器主要有月琴、竹笛、马步、口弦，其中口弦是最受姑娘欢迎的乐器。节日还举行摔跤、赛马、斗牛、斗羊等娱乐活动。歌曲有俄、雅、坐、格等名目。境内较为流行的民歌有《阿莫民惹》《阿莫谋个》《阿以阿芝》《阿若妞牛》《嘎莫阿牛》等。常见的舞蹈有婚礼舞、丧事舞、节日舞、自乐舞和达体舞。

背婚

婚姻：婚事由夫呷（媒人）说合，男、女均可充当夫呷，其职责是介绍双方的门第家境，参与女方身价的商议。经双方同意即择吉日订婚。订婚分别在男、女两家各举行一次，谁在先均可。到女家订婚，男方或多或少付部分身价，并有泼水仪式，忌杀山羊待客。婚龄男方不限，女方以单数为吉，17岁为最

哭婚

佳，婚前请毕摩、巫师或懂八字、历法的长者合算男、女双方及双方父母的八字，双方八字无大凶，则由男方择吉日成婚。男方派人通知女方婚日时，送酒一坛、嫁妆一套和绵羊一只。晚上有哭婚之俗，女方在婚前几天要节食，即饿婚之俗。婚日一早，送亲队伍都是男性，新娘的父亲不得参加。婚日，新郎家大宴宾客，新娘一到便举行摔跤仪式。晚上宾主双方对歌达旦。婚期少则一天，多则三天或五天。婚期满，新娘则随送亲者返回娘家，男方要派人护送新娘并馈送酒肉。女方家宴请宾客，并有摔跤、对歌、泼水仪式。新娘居娘家一段时间，男家择吉日通知女方举行仪式，婆家请来毕摩举行仪式，姑娘正式算婆家人。通过改革彝族旧婚姻制度，实行新婚姻法，转房等陈规陋习逐渐消失，包办、买卖和早婚现象逐步减少。随着民族经济和文化的发展，彝民生活水平不断提高，意识不断更新，陈旧的同族内婚、等级内婚观念被打破，婚姻自主、恋爱自由、婚事新办、婚礼从简的新风日趋形成。

禁忌：乡域彝族因历史的原因禁忌多且复杂，因人因地而有不同的禁忌。有村落性忌讳，如某些村落视某株树或某块石头为神，忌讳毁坏或移动；有家族性忌讳，如某家族在杀猪时忌讳狗舔食洒在地上的血，忌讳在未祭祖前将年猪肉待客、在不吉利的日子宰杀牲畜，忌讳第一次从囤里取粮食给他人。共同性的忌讳有：忌讳生人跨入供奉神灵的地方，忌讳抓扯男子的"天菩萨"（男子头顶的长发）、无故给他人戴铁镣；忌讳上、下辈男女或兄妹之间过分开玩笑，或说粗话；忌讳女人在丈夫的兄辈和父辈前揭头帕或梳头、用女人的头帕打人，忌讳女人上房顶；忌讳吃狗肉、猴肉，忌讳在属猴日鸡生蛋，忌讳猪、牛、羊钻背篼等。随着社会的发展、科学文化的普及和人们意识观念的更新，一些不利于团结、妨碍生产和生活的禁忌日趋消失，但一些礼节性的习俗受到了党和政府的保护。

信奉：乡域彝族处于祖先崇拜、图腾崇拜和万物有灵信仰阶段，图腾以龙虎为主。彝族中从事祈神驱鬼的为毕摩和苏尼。毕摩有一定的文化知识，熟知一些经典，被彝民神化为无所不知之人，受人尊重、地位较高。毕摩都是世袭，有固定家族，以吉克、沙马、依火、的惹等家族专司。他们的主要活动有祭祀祖先、做道场、为人招魂、安灵、驱鬼灭灾、预卜合婚。道场又分活道场和死道场。活道场可以不做；死道场不可不做，这辈人不做，后人都必须补上。毕摩也为彝民做祈祷合家平安、人丁兴旺的握古比活动，彝族中比较盛行握古比，新婚嫁娶、喜添婴儿都要举行，平时为求吉利每户人家一年少则举行一次，多则不限。毕摩还为病人依祜拉祜（招魂驱鬼）举行桌尼书净宅，还主持一些诸如乃克夺等仪式，测判偷盗等刑事案件。苏尼从事驱鬼、咒鬼和招魂等活动，苏尼不从师，无经典、不世袭，地位低于毕摩，不脱离生产。法具为羊皮鼓，作法时口念咒语，手击皮鼓，主持的活动主要有尼此哈（捉鬼）、尼此歌（驱鬼），活动多在夜间举行。

语言文字：乡域彝语属北部方言区圣乍土语，语音、词汇、语法与规范化的凉山彝语相差无几。彝字文字笔画最多者8画，最少1画，平均笔画不到4画。

姓氏：乡域内彝姓以家支为姓。1985年初步统计，除一部分仍以家支姓外，大部分为汉姓。

【**彝家风情**】　主要有传统礼教、供奉玛都、崇拜大塘、好酒好客、喝鸡血酒、喝竿竿酒、吃坨坨肉、彝家歌舞、过彝年、过火把节等。

火把节：每年农历六月十六至三十举行。节日三天，第一天叫"都陛"（点火），第二天叫"都格"（耍火），第三天叫"都沙"（送火）。第一天活动最为隆重，白天打扫卫生，做荞粑，杀鸡宰羊，祭祖。祭祖时口里祈祝"今年这样过，明年这样过，请保佑我们每一年人丁兴旺，五谷丰登，牛羊发旺"。祭毕，全家在一起吃"过节饭"。夜晚，点燃火把，绕庄稼地一周，边走边喊"灾虫今晚烧，害虫今晚烧，苦根今晚烧，饿根今晚烧，寒根今晚烧"。之后，全寨人手持火把成长队绕山路徐行，不断叫喊"责拉格！责拉格！子模拉首责，苏呷补拉责，苏沙互波责，不痴模干补责，巴底宰依责"（意为"过火把节啦！过火把节啦！土司过阉牛，富家过阉羊，穷家过公鸡，寡妇过荞粑，孤汉过海椒汤"）。徐行之后，选择一宽阔平地，将火把集中在一起燃成一堆堆簧火，人们围着火堆唱歌跳舞，尽

火把节

情欢快。其后两天，白天没有活动，第二天夜晚活动基本同第一晚上，第三天晚饭时另有"宰沙"（意为送节）。每家每户在野外立一三锅桩，桩上放一块平石板，点燃熊火，把祭祖供品烧掉，把荞粑和肉块放在石板上烤热吃掉，火把节正式结束。

彝年：每年金秋（农历十月十六至三十之间）择一吉日连续举行三天。第一天叫"枯施"，意为新年，村寨家家户户清扫卫生，宰杀年猪，晚上摆放猪头、酒之类供品，祭祀祖先；第二天叫"多博"，意为明首，孩童们在野外开展意为野炊的"窝系拉古格"平安活动；

过彝年

第三天叫"阿普波儿"，意为送走祖先，天鸣之前，家家户户将敬献祖先的供品重新加热，举行仪式送走祖先。送毕，已出嫁的姑娘同丈夫一道带上礼品回娘家拜年，看望父母。村寨里的人给长辈、毕摩拜年。旧时给毕摩拜年，毕摩要给3～5岁的小孩作法事，赏赐"萨四"（用羊毛制作成约8～10厘米的一种圆柱形物体），让小孩戴在领上或帽后，待小孩长到结婚年龄时，毕摩再作法事，取掉"萨四"，以示小孩子已经健康成人。年节是小伙子与姑娘交往的最好时机，青年男女身穿本民族传统服饰，打扮得威武英俊、端庄秀丽，频频相聚，尽情唱歌跳舞，举行各种文体活动。

传统礼数：彝族人极尊重家支辈分，在路上遇见长辈，小辈须先招呼，待长辈走后小辈才能走。在家里，长辈入座后，小辈才能入座，长辈上座，小辈下座。彝族人严格兄弟房次，如长房哥哥的儿子，不论年龄再小，也是哥哥；幺房弟弟的儿子，不论年龄再大，也是弟弟。彝族人无论聚会也好，还是在家也好，凡有女性在场，都不能说污秽、猥亵的语言。

供奉玛都：彝族人不供天，不供地，唯独供"玛都"，把供"玛都"和做道场超度"玛都"作为子孙后代对先辈必尽的责任来完成，否则视为大逆。"玛都"是"尼"的俗称，"尼"又是祖先的灵魂，是彝族的图腾。彝族人认为人是有灵魂的，人死后灵魂不死，灵魂是不灭的永存，但它可能成为吉尔（彝语，意为吉祥物），也可能成为鬼。要使死去的人不变成鬼，就得请祭司（毕摩）念经做一个"尼"（玛都）供起来。"玛都"是人死火化后，把骨灰撒在竹林中，从撒骨灰的竹林中选一竹根拔回制作而成。"玛都"要用白绵羊、小鸡和鸡蛋为牺牲品，以一寸长短的竹根做成"纳色"（太阳穴）。"纳色"是"玛都"的主体，标志死者的灵魂。"纳色"有男、女之别，女性的头朝后倾斜，因为彝族女性的头发是往后梳的；男性的头则要朝前倾斜，因为彝族男子的头发往前梳在前额上结成发髻的。

崇拜火塘：彝族视火塘为"灶王菩萨"，任何人不能吐痰在火塘内，不能横跨火塘而过，否则是对主人的一种侮辱。在火塘内烧柴禾，应将其放在火塘的左角烧。火从柴头烧起，不先烧柴根。更不能在火塘内乱烧柴块，只能顺着烧。

好酒好客：待客须有酒，无酒不成席，通常每家都要贮存酒，保持不缺。如果来客无酒，要专门派人买酒，因路程较远一时买不回，借也要借之待客。彝族人非常好客，待客人真诚。贵客到来，举家出迎。好友到来，拉手、拍肩、问安。无论来客远近，客人生熟，也不论什么民族，来家的都要招呼进屋坐，安排食宿。让客人在火塘边"嘎哈"（上方）就座，不让其坐"嘎几"（下方），以示尊敬。客人入座后，主人先在火塘内加柴，烧成熊熊火焰，让屋内充满明亮和温暖。接着敬烟（兰花烟）、敬酒（无下酒菜），客人要是不会喝酒也要喝少许表示，否则就是对主人不恭。敬毕，主人即刻宰杀畜禽款待。杀鸡为普通招待，宰羊或小猪为上等招待，宰杀牛为特殊招待。猪头肉或牛羊膀肉舀给谁，就表示谁是主人最尊敬的人。

喝鸡血酒：凡承诺的事，一般不轻易推翻，出尔反尔就是丧失人格。为了表明恪守信用，凡作重大决策，往往要"喝鸡血酒"，对天发誓，不遵守誓言就像鸡一样死去。

饮竿竿酒：彝族竿竿酒是一种或几种粮食（荞子最佳）煮好装入坛内，加适量清水和一定比例的白酒和酒曲，用泥土封坛存放一定时间发酵而成的。食用时插入一根空心细竹管，含竹管饮之，故名竿竿酒，彝族又称咂酒。此酒清爽可口，饮而不醉，多在逢年过节、婚嫁时酿制。饮时伴唱"祝酒歌"，以示欢庆或对贵客的尊敬。

吃坨坨肉：坨坨肉是彝族人的传统美食，通常是在节日、结婚、丧葬，招待好友、贵客时制作食用。坨坨肉是将猪肉或牛羊肉带骨砍成拳头大块放入汤锅里煮，待肉刚熟时捞入簸箕或木盆内稍凉，再撒上盐、花椒面、辣椒面及"木苦"（指木姜粉）。它具有鲜香可口、肥而不腻、瘦而不绵的特点，因而被列入县地方名吃，已进入餐厅、酒店、农家乐，食客颇多。

【毕摩文化】　彝族是一个多种崇拜的民族，归纳起来有祖灵崇拜、自然崇拜、家神崇拜三大类。在彝族人民长期的生产生活中形成了三观，即三界观（天界、地界、地下界）、万物有灵观、万物雌雄观。彝族根深蒂固的认识和观念构成了彝族人民的博大精深的核心文化——毕摩文化。在大凉山腹心地美姑，关于彝族毕摩的作毕仪式及其神话传说，仍在彝族民间广为流传。传说洪水泛滥时，天神派了三个毕摩带着彝文经书来拯救民众，三个毕摩各骑一头黄牛，把经书挂于牛角上，渡汪洋大水时把经书浸湿了。毕摩下到凡世后，便把经书放在青树枝上晒，飞来的老鹰抓破了一些书页，黏在青树枝上又撕坏了一些书页，故而彝文经书不全了。毕摩念经作法时，都带有牛角、鹰爪和竹签作为法器，并在祭坛上插青树枝，意即弥补经书之不足。

毕摩是彝语音译，"毕"为念经之意，"摩"为"有知识的长者"，是一种专门替人礼赞、祈祷、祭祀的祭师。毕摩神通广大，学识渊博，主要职能有作毕、司祭、行医、占卜等，其文化职能是整理、规范、传授彝族文字，撰写和传抄包括宗教、哲学、伦理、历

毕摩

史、天文、医药、农业、工艺、礼俗、文字等典籍。毕摩在彝族人的生育、婚丧、疾病、节日、出猎、播种等生活中起主要作用，既掌管神权，又把握文化；既司通神鬼，又指导着人事。在彝族人民的心目中，毕摩是整个彝族社会中的知识分子，是彝族文化的维护者和传播者。

毕摩有严格的传承惯制，它与彝族社会的父系继承制度相适应，所以毕摩的传承奉行传男不传女的原则。在彝族人看来，毕摩是一个神圣的职业，必须限制在族体内部传承延续，使家支永远保持毕摩世家的殊荣和地位。而女性17岁以后无论结婚与否都不再被视为父亲家支的成员，因而没有继承毕摩神职身份和地位的权利和机会。

【习俗变易】　随着改革开放的深入和两个文明建设的发展，乡内彝族生活习俗变化较大。

衣食住行：彝族传统服饰，中老年人常穿，青年人多在传统节日和重要场所穿，平时喜穿汉装，更爱穿时髦服装。多穿胶鞋、皮鞋、运动鞋，昔日赤脚、穿草鞋的习惯一去不复返。随着粮食产量逐年增加，主食以细粮为主，粗粮为辅；肉食多有牛肉、羊肉、猪肉，荤素搭配，品种多样；除自酿传统竿竿酒外，还常饮白酒、啤酒及其他饮料。进入20世纪90年代后，政府改造芭芭房，彝民住上砖瓦房、砖混结构房，房屋宽敞明亮，室内装饰讲究，现代家具和电器已进入寻常彝家。彝族地区过去多为羊肠小道，出门靠步行；改革开放

彝族蓑茅芭房

后，修公路，架桥梁，汽车、拖拉机、农用车、摩托车开进村寨，交通方便，外出以车代步。

婚配丧葬：随着彝民意识不断更新，陈旧的同族内婚、等级内婚观念被打破，婚姻自主、恋爱自由、婚事新办、婚礼从简的新风日趋形成。彝族人的丧葬一直受到党和政府的保护和尊重，人死后，告丧、奔丧、守灵、唱开路歌、火葬、超度等习俗沿袭至今。

彝民新居

藏　族

【藏族源流】　乡域藏族为世代生息繁衍在本地的土著民族，源于先秦时期自西北南下的古羌人部落，唐代称"东蛮"，宋代称"西香"，元称"宁香"。自唐以来，其具有与主体藏族同样的民族心理素质，信奉藏传佛教，并接受吐蕃的政治、经济、文化制度，与进入这一地区的吐蕃通婚，与川西南藏族的关系极为密切，成为藏族一个分支。中华人民共和国成立后，统一称为藏族，民族学界定为川西南藏族之一。乡境内藏族主要有尔苏藏族，分布在新场村、魁沙村、松岗村。2015年有人口924人，占全乡总人口的9.95%，姓氏主要有王、李、陈、周、舒。

【藏族社会制度】

土司制度：当地解放前，乡域藏族地区社会制度主要是土司制度。元代始行土司制度，明初沿袭元制，后置大渡河守御千户所管汉民，少数民族由土司管辖。清代沿袭明卫所制度和土司制度，土流并存。雍正时推行"改土归流"，废卫所、所，设厅、县，土司虽存，但由厅、县管理；道光十三年（1833），为土千户；同治三年（1864），松林地土千户升土都司；民国16年（1927），废除松林土都司设安顺乡。土司署，俗称土司衙门。土司世袭、绝嗣由长房后裔继承。承袭由地方政府申报朝廷批准，发给号纸，死时缴销，继另颁发。改朝换代归诚后，缴销前朝信，另颁换，秩由中央定品级，土千户秩从五品，职责是向中央政府完粮、纳贡、奉派征输，管理辖区内少数民族事务。署衙设通把、字识。通把即翻译，由土司本族人出任，世袭、继承由土司决定。字识即文书，在汉族人中委任，对辖区内汉民设流官，依汉民法律管理，在土司署所辖各堡寨设头人或土舍，老良姓统称之为头目，职责是组织兵丁征

战，保护地方、管理辖下百姓，传集议话，遵奉土司调遣等。土舍、头人皆世袭，由土司决定，无秩、不入流。1956年乡域藏族地区开展民主改革，废除了封建农奴制、等级制度，乡境内的乡尔苏藏族过去有两种等级，原是尔苏血统的称"撒"，为主人，其他民族投靠或买来的奴隶称"巫儿"。安顺乡解放后，尔苏人的等级制度自然消失了。

【藏族习俗】

饮食：境内藏族多以玉米、荞子等粗粮为主食。乡域藏族特色饮食有用"万年母子"点制的豆渣菜，"老母子"发酵的醪糟以及荞子、玉米等杂粮发酵的竿竿酒（又称咂酒）。

住房：传统房屋为土石结构的碉楼，墙体厚实牢固，分上、下两部分。上部分为堂屋、卧室、厨房，楼下是畜圈或库房。随着民族经济的发展和生活水平的提高，住房条件得到改善，藏民主房仿汉族房屋建造，有砖瓦房、砖混结构房，碉楼尚有遗留。

服饰：藏族服饰具有地方民族特色，妇女装饰尤为显著，头缠两至三丈长的白色或黑色头帕，额上饰以银泡，佩戴耳环；喜穿红、紫、绿或黑色长裤，腰系图案精美的围裙，色彩鲜艳；手佩玉圈，戴金或银质戒指，男性着青、绿色衣裤，头缠黑色或白色头巾，也有少数人着青色长衫，外加着皮褂。藏族传统服饰多在传统节日、祭祀活动、重要集会场所穿。

歌舞：藏民男女老少都能歌善舞，其民歌粗犷豪放，节奏明快，音调悠扬婉转、颇具民族特色。主要乐器有海螺、唢呐，盛行锅庄集体舞。

婚姻：乡内尔苏藏族婚姻为一夫一妻制。当地解放前，普遍存在由父母包办同族同婚、定娃娃亲、招赘、填房等，盛行姑、舅表兄弟姐妹优先的通婚习俗。婚嫁的主要程序有提

藏族服饰

亲、定亲、结婚。一般婚礼在农历九月至来年的二月才能举行，结婚的日子要由"萨巴"拿男、女双方的八字进行推算，选择在虚岁为单数年龄的时候，计算年龄以每年"烧袱子"为界线。由男方家带上礼物、礼金到女方家去提亲。提亲成功后就可以定亲，定亲人数由7人以上男性组成，其中必有1人是汉族，定亲时要举行泼水、对歌、待饭等活动，且新娘、

服饰

新郎要拴红布襟作佩带，还要吃罐罐酒才能算定亲。结婚那天从接亲开始。接亲队伍由五至七个男人组成，而且定亲时来的那个汉族人一定要来，婚宴要举办三天，第三天吃了早饭回门，男方家的客人跟着去，晚上在新娘家里喝酒，第二天早饭后各自回家。新郎、新娘结婚的那天不能同房、不能说话，要回门后才能。结婚后不能离婚，如离婚则赔偿对方礼钱。

禁忌：乡域尔苏藏族禁吃狗肉、马肉、猫肉，不准踩火塘，女人不准碰火塘，不能碰法器，不能参加上山"烧赙纸"的祭祖敬神活动。不满29岁未成家夭亡的死者不能送上山，有后代的则不论年龄大小都要送上山。

信奉：乡域内尔苏藏族崇拜白石和神山。神山崇拜集中体现在"敬山神"或"敬山王菩萨"的习俗活动中，与敬石、敬山密切相关的还有对树的崇拜，如"鸡菩萨杠杠"所在的整匹神山上的树木都禁止砍伐，主要有臭椿树、油柿子树。同时还有对鸡的崇拜，如称鸡为"鸡菩萨"。还有对"嘎嘎雀"的崇拜，即以之为神鸟。尔苏人处于原始宗教信仰阶段，无固定偶像，更没有为神职开设的专门施教场地，没有成形的教条理论。

语言：乡域内尔苏语属汉藏语系藏语缅语族羌语支，操东部方言，语音中有声母82个，韵母41个；句子的基本语序一般是主语、宾语、谓语，修饰关系的语序一般是名词（或人称代词），是有形态变化的语言。有文字但不普及，主要有"萨巴"图画文字。

藏姓称呼：藏族先民无姓氏，明朝在藏族地区实行土司制度，始出现藏族汉姓。

【藏家风情】 主要有传统礼数、敬献哈达、腰机纺织、打糍粑、喝竿竿酒、尊重火塘、跳锅庄舞、订婚泼水、过环山鸡节，最具藏族特色的是环山鸡节和跳锅庄舞。

环山鸡节：环山鸡节是乡域尔苏藏族祭奠祖宗的节日，最具乡域藏族特色。尔苏名又叫"古扎子"。每年农历八月初三至十五，石棉尔苏藏族按家支的迁徙时间确定其中一天为环山鸡节，聚居区的尔苏藏族拟定每年八月十五日为环山鸡节。环山鸡节当天，每家每户都要准备好下列供品——三根肋骨宽的腊肉，一坛自煮的竿竿酒，一碗

豆腐，一只白色公鸡，一把白香，一瓶白酒，一碗米饭，一个鸡蛋，一碗糍粑，部分新鲜水果、糖果，将其全部盛于一簸箕内。八月十五一早，全堡子以吹海螺为号催人上山，各家听到号声后，由主家男人将盛满供品的簸箕用头顶到集合地"弄作莫"，然后由全村最有威望的长者带路，按迁居的先后顺序依次排队上山。全部人上山后，将由两位长者清点人数，然后烧上一堆大火，两位长者手持火把站在火堆两边，以示火门，所有上山的人都经过火门，表示祖宗同源，意为同进一道门，以示全堡子团结。依次过门后，主家男人将供品在火堆上旋转一圈，以示清洁。进门完后，依次在祖先灵位前排列"始祖碑"（族语为四板脚），然后由长者指定供奉灵位，各家将供品按先后顺序摆放在各自的灵位前（即"始祖碑"前），并将少许供品抹于"始祖碑"上。抹毕，由最有威望的长者向"始祖碑"祷告一番，而后所有的人都跑到"始祖碑"前磕头，并由长者进行一番祝福。向跪拜者头上抛撒糍粑面之后，各家用白香杆架成十字架，上面放上少许供品烧在自家祖先的灵位前，并再次磕头。磕毕，全体起立，口呼"哦非"，并持食品向四方扬（表示召唤亡灵回）。至此，上山拜访仪式基本完成。所剩食品将由长者按上山人头，每人一份（不分主客、大小），以示有福同享。回家的路

人，要口呼"哦非"以示吉祥如意，同时还要唱"始祖碑"歌，一直唱到"弄作莫"（集中出发地）。到了"弄作莫"，在坝子中间放上一个三脚架，上面烧一堆白香，挂一根腊肉，放一坛竿竿酒，以此为中心，不分男女老少均可围在三脚架周围唱、跳，然后男女对唱，谁

尔苏藏族环山鸡节

胜则由谁获得腊肉。一般要唱到半夜鸡鸣，最后由几名男士装神扮鬼，抹上花脸，手持各种器械相互打斗，直到跳累为止，整个祭奠仪式宣告结束。

传统礼数：客人来访，主人要在门外迎接，对长辈要脱帽弯腰45度。无论客人远近、生熟都要招呼进屋，客人在前，主人在后。客人入座要坐在火塘上方，主人坐下方或左右。敬献奶茶、酥油茶或青稞酒，有敬三杯之习俗，客人不可拒绝，喝三杯之间还有许多细微的讲究。送客人要客人走在前，客人骑马还要为其牵马备鞍。

敬献哈达：这是藏族普通而又显尊重的礼节。敬献时因人而异，对长辈，要举过头顶；对平辈，只需双手送到对方手上；对晚辈，则要挂在他（她）的颈上。献哈达

一定要鞠躬，不能单手接送。

喝竿竿酒：竿竿酒又称坛坛酒，用玉米子煮好后发酵酿制，是为老年人祝寿或待客的佳品。喝竿竿酒有讲究，须是有一定辈分的人开坛。开坛以后插入两头通的竹竿，喝酒时也须按辈分依次轮流喝，但喝酒前得送上祝福，美言一番。

尊重火塘：内藏族堂房偏左四分之一处都有一个正方形的火塘，火塘正中立有三个锅庄石，分别代表藏、汉、彝三族。三锅庄顶锅煮食，离开一个都不行。火塘是最清洁的，不准吐口水、痰在火塘内，不准用脚踏或用物敲打三锅庄。火塘分上八位、下八位，上八位一般坐客人和老人，晚辈一般是坐下八位。

锅庄舞：锅庄舞是乡内藏族民间传统舞蹈。在节日或农闲时为表欢庆，男女扯成圈子，围着一堆篝火、一坛酒，自右而左边歌边舞。

订婚泼水：尔苏藏家婚嫁有定亲泼水程序，男方一般组成7人以上的队伍去女方家定亲，其中必须有一个汉人，女方安排一些年轻女人做好泼水准备，待男方定亲队伍一到女方家门前就开始泼水。泼水表示吉祥，不管在什么季节、什么天气去定亲都要泼水。泼水时，水朝天泼，先泼走在最前面的汉人。男方的人不能碰水缸，不能反抗，否则就要向女方赔礼。一旦被泼水的人进了女方家的正门就不能再向他们泼了。

【习俗变易】 乡内藏族在改革开放后，受先进文化和经济发展影响，其习俗变化也大。

衣食住行：藏族人平时多穿汉装，有的喜穿流行装，藏族传统服饰多在传统节日、祭祀活动、重要集会场所穿，布料不是土布和一般的平布，而是高级化纤布料，品种、花色多样，也流

魁沙村藏寨一角

行穿胶鞋、皮鞋、运动鞋。主食基本细粮化，肉食以猪肉为主，次为牛、羊肉，还经常制作醪糟、竿竿酒，吃法讲究多样化、营养化。过去，藏族住房多是土石结构碉楼，楼上住人，楼下作畜圈或杂物堆放。改革开放后，随着民族经济的发展和生活水平的提高，住房条件得到改善，河谷地带和接近汉区的藏民住房已仿汉族房屋建造，有砖瓦房、砖混结构房，碉楼尚有遗留。改革开放前，偏远中高山地区多为羊肠小道，藏民出行多数步行，少数骑马。进入20世纪90年代后，乡村公路修通，车辆往来，坐车出行方便。

婚配丧葬：1976年改革藏族旧婚姻制度，打破包办婚姻、同族内婚和姑、舅表兄

弟姐妹优先通婚等习俗。改革开放后，藏族婚姻观念更新，乡域藏族普遍形成自由恋爱、婚姻自主、结婚登记、婚事新办、从简结婚新风。藏族丧葬有火葬和土葬两种。过去藏族办丧事有大做道场、请亲朋好友吊唁、宰杀大量牲畜待客之习，耗资费时。随着时代的发展，藏族丧葬习俗得到改良发展，不大量宰杀牲畜，不大做道场，火葬得到提倡。

社会风土

岁时节俗

岁时节俗主要有春节、春分、清明节、端午节、中元节、中秋节、重阳节、"十月初一"、除夕等。

【春节】 每年农历正月初一至十五为年节，俗称"过年"，是民间最隆重的传统节日。正月初一，男女老少着新装，焚香敬神，燃放鞭炮。早餐吃汤圆，意为抢宝。之后出门游转，逢人便说恭喜发财，互相祝贺。晚餐吃除夕留用菜饭。初二开始走亲访友，馈赠礼品，叫"拜年"，或去扫墓，给祖宗拜年。初五叫"破五"，为财神日，经商者开业。初七"人过年"，初九称"上九"，宴饮要格外丰盛。民间耍狮灯、龙灯，沿街奉贺，热热闹闹，入夜点天灯，有过街灯、竖竖灯、屋檐灯、三官灯，象征太平景象。正月十四、十五两日为元宵节，又叫"过大年"，乡场迎神赛会，名"灯会"。午夜后家家放鞭炮冲花送年。乡下赶会也叫"游百病"，此外还有"偷青"的，"偷"别人地里的青叶菜、莴笋、蒜苗之类，有吃了免生病之意。入夜吃汤圆，叫"闹元宵"。

当地解放后，春节时，机关单位职工放假三天。旧有习俗，除带有迷信色彩的破除外，大部分沿袭下来，而且内容更加丰富。

【春分】 农民休息一天，不下地劳动，牛、马饲养于圈栏，妇女停针织。为防雀鸟啄食五谷，土蚕糟蹋庄稼，将玉米、豆子等炒食（叫炒土蚕）用糯米粉子捏成小团，挂于树梢，叫"粘雀儿口"。这天，妇女着新衣走娘家。

【清明节】 缅怀先人、英灵的节日。是日前后三天祭祖扫墓，一般人家男女老幼提敬酒、刀头、纸帛、香烛奠祭祖先，祭毕席地围坐而食，称"吃清明酒"。有祠堂人家则在祠堂内办酒席，叫"清明会"。当地解放后，学生于这一天到郊外游玩，踏青寻芳，或为烈士扫墓，学习他们高贵的革命品质。

【端午节】 农历五月初五，又称端阳节。家家户户门前挂艾叶、悬菖蒲，意为驱鬼避邪，小儿佩戴五色丝线制成的六角形或扁圆形香包。早餐吃粽子、大蒜、鸡蛋等，午饭饮雄黄酒，并涂抹于小儿面部和耳沿，以免蚊虫叮咬。饭后到路边、沟旁采草药，煎水浴洗身子，以免疥癣侵肤。人们多以雄黄、酒、蒜皮等掺水，喷洒于房子周围，杀虫灭菌。近年来，这一习俗尤为讲究。

【中元节】　农历七月十一至十三为中元节，佛教称"盂兰盆会"。旧俗，人们供奉历代祖先，"烧袱子""泼水饭"，大办酒席。十一日写好袱子供于堂屋上方，摆供品，接亡人回家。十二日夜焚烧新亡人袱子，十三日烧旧亡人袱子，烧前办酒席祭奠，烧时家人磕头作揖，并泼水饭。富贵人家在祠堂内办酒席，聚族奠祭列祖列宗而宴饮，谓"吃月半酒"，当地解放后此俗已消失，近几年来农村又有所恢复。

【中秋节】　农历八月十五为中秋节。是日入夜，全家大小围坐吃月饼、赏月是讨团圆的吉利。旧时农村有人偷胡瓜送给希望生子之家。而今，除不再送胡瓜外，合家赏月吃月饼之风一直沿袭下来。随着人民生活水平的提高，对中秋节更为看重，月饼品种多样，质量更高。

【重阳节】　农历九月初九为重阳节。主要内容为登高望远，饮酒行乐。当地解放前，安顺小学曾组织学生登高。民间于此日用糯米蒸醪糟，名曰"重阳酒"。后来只有少数学校重视过此节，民间已逐渐淡忘。20世纪80年代初，此节又成为老年节，以示敬老。

重阳节活动

【十月初一】　俗谓牛王菩萨生日。农村每户人家都要用糯米打糍粑，高山农民没有米的，也要到矮山换些糯米回去，以备吃用。人食用前，先给耕牛吃一些，然后再黏一点在耕牛双角上，表示感激它一年来的辛勤劳动。城镇人也吃糍粑，但不流行。20世纪50年代后仍沿此习。

【除夕】　每年农历岁末为除夕，俗称"三十夜"。是日贴门神、对联，张灯、贴画，表喜庆，牲畜圈栏贴"姜太公在此，诸瘟回避"。除夕时，鞭炮声几乎终夜不断。

生活习俗

【婚姻】　旧时，婚姻由父母包办、媒人说合，男女不能自主，即所谓"父母之命，媒妁之言"。至于婚龄，山区一般女18岁，男20岁，也有早婚。婚事议定后，男方送给女方边猪、坛酒、七斤肘子八斤脖、衣服十八套，女方办陪奁，婚期一般为三天。娶亲前一天叫"办开"，男方备酒席，请迎亲人，布置新房，女家办"花夜"，邀请送亲者和亲友陪伴新娘通宵，给新娘梳妆打扮，共叙往事，一阵笑语，一阵哭泣。夜半"宵夜"，用五个干盘子装食物。放鞭炮，并将陪奁和客人送的礼物（添香）摆在堂屋桌上，按清单交押礼先生过目。婚日叫"正宴"，新娘穿戴一新，花轿抬至女家门，请出亲，叫"取口"，燃放鞭炮，吹喇叭。女儿拜别父母，新娘将手中握的一把筷子反手向后甩掉（望"多生子女、快生子女"之意）。弟弟背新娘上轿，母亲将手中一碗水饭泼出门外（表示"女儿嫁"）。送亲者和押礼先生一同随新娘去（叫"送亲客"）。一般只打彩旗，吹喇叭，富贵人家用蓝旗蓝伞，奁妆随后，排一字长蛇阵，以示阔气。新娘花轿临门时，放鞭炮，吹唢呐，送亲者取下轿帘扶出新娘入内，立于新郎旁，叫礼先生司礼，"序立""去蒙""住脚""举杯""垫脚""止杯"。新郎、新娘面向礼台，行三拜九叩礼，拜天地、高堂（父母），夫妻对拜，叩拜亲长，亲长给红包，赠礼品，转入洞房。摆宴招待宾客，有钱的办一百多桌，贫苦人家办两三桌。是夜闹房，说笑逗趣，深夜才散。翌日，夫妻回娘家，必须请一陪客随去，叫"回门"。事后谢媒人，赠送礼品。

【祝寿】 吃生日酒，一般人进入五六十岁，晚辈要对长辈祝寿，七十大寿更为隆重。亲朋好友近邻都要馈送礼物；有社会地位者，贺者则要送寿联、匾额、寿衣、寿桃等。寿者坐于堂上，儿孙叩拜，亲朋拱手致贺，酒席上向寿者敬酒，祝福长寿。是日，还要给寿者已故之母燃纸化帛，叫"母难之期"，以示不忘。当地解放后，祝寿之习逐渐淡薄，虽有人沿用，也不公开举行。20世纪80年代以来，随着经济发展，生活水平提高，人们对生日又很重视，祝寿之风盛行，动辄数十桌，农村数十桌、上百桌也是常见。

【禁忌】 旧社会，民间禁忌甚多，谓"入境问禁，入门问讳"，习以成风。县境较为普遍的禁忌有以下几种。

节日禁忌：大年初一禁扫地，谓扫地生跳蚤；忌泼水，开门怕财源外流；忌讨火种，免招火灾；忌打碎器皿，谓不吉利；忌见秤杆，防出门遇蛇；忌吃面条，防外出下雨；忌吃药，怕生病；忌说鬼、死等。此外，从正月初一至初十禁忌为："一鸡二犬、三猪四羊、五牛六马、七人八谷、九豆十麦。"初一鸡过年，不能杀鸡，要爱护；初八谷过年，不能煮米。小孩天真无法禁口，用一红纸条写上"童言无忌"，贴于壁上。还有春分忌上山、惊蛰忌下河等。

忌行：七不出门，八不归。出门必按此忌，否则不吉利。

禁屠：天久旱不雨，则禁止宰杀牲畜，祈降甘露。

忌动土：每月的壬子、癸丑、甲寅、乙卯、丙辰、丁巳共六天是偷修日，可以动土，其余日子都要忌，不能动土；否则犯三煞。腊月十六日"倒衙"日后，意谓乱岁，动土就不忌了。

行业忌：行船忌说翻，挖煤忌说塌崩，否则要发生事故。

其他禁忌：如妇人坐月，外人不能进产妇卧室；人死门外，不能抬进屋；夫妻做客，不能同寝；生病插红纸条于门，忌生人入室。

当地解放后，随着科学知识的普及，禁忌已打破，但老年人禁忌不减，正月禁忌则城乡相沿至今。

【坝坝宴】　乡域农村每逢喜事、哀事、节日等都喜爱办坝坝宴，旧时俗称摆"九大碗"。规模有大小，小约几桌，大约上百桌，菜品主要有肥而不腻的扣肉、肉质肥嫩

坝坝宴（一）

坝坝宴（二）

坝坝宴（三）

的肘子、喷香松软的回锅肉、口感筋道的酱猪蹄等。由一张八仙桌、四根长板凳、几口大锅灶组成，分洗菜的、切菜的、配菜的、掌勺的、洗碗的、端盘的等，分工明确，秩序井然。烹饪粗犷又淳朴，用土砖或油桶做成露天厨房，用方长板子、两条长凳，做成一个临时简易案板，也就是大厨的操作台。坝坝宴集中展现了其富有特色的民俗文化，让参与者品味安顺风味诱人的生态美食。2012—2015 年，安顺场

坝坝宴（四）

在庆祝红军强渡大渡河纪念日活动中，连续 4 年举办千人坝坝宴，让中外游客吃得开心、舒心，演绎了一场尽显安顺文化的丰足盛宴，令人回味无穷。

【汤米酒】　又叫"做三朝"，妇女生头胎，丈夫要去丈母娘家报喜，娘家则送鸡、蛋、米、肉和婴儿衣、帽、鞋、袜等。农村同时补办结婚宴，亲友要去祝贺，赠送婴儿衣物和鸡、蛋、肉等，男家婴儿满月那天办"汤米酒"酬谢客人。农村十分重视，城镇单位则较淡薄。近年来，"做三朝"在农村盛行，送礼者成群结队，办酒席数十桌、上百桌也很常见。

方言俗语

安顺乡属北方方言区，故乡域内群众，即使是文盲，听广播，看电影、电视，对规范化的普通话也不存在语言障碍。语法基本上与规范现代汉语一致，少数民族地区有动宾倒置的情况，如"吃饭没有"读成"饭吃没有"。另外，动宾搭配也有与规范现代汉语不同的地方，如"买药"叫"拣药"，"买布"叫"割布"，"缝衣服"叫"连衣服"，"买豆腐"叫"端豆腐"，"赶集"叫"赶场"，"脱裤子"叫"垮裤儿"。"一样"不能与"像"构成明喻如"像……一样"，而是单用，强调程度，如"热来一样"，意思是热得很或非常热。

【词汇】

特殊称谓：

歪人：横行霸道的人，恶人。

瘟丧：没能耐、不争气者。

憨憨：痴呆者。

犟牛：不听劝说的人。

占花：爱出风头的人。

欠儿子：惹是生非、使人讨厌的人。

猛冲：不懂事者。

新人子：新娘。

戳锅漏：挑拨是非者。

老大爷：年岁大者。

亲属称谓：

爷爷：祖父。

奶奶：祖母。

外公：外祖父、家公。

婆婆：外祖母、家婆。

爸爸、伯伯、爹、老子：父亲。

妈、娘娘：母亲。

孃孃、姑母、姑妈、大大：父亲的姐妹。

伯伯：父亲的哥哥。

大爸：叔叔、父亲的哥哥（父亲的兄弟依次称大爸、二爸……）。

舅舅、舅父：母亲的兄弟。

舅母：母亲兄弟的妻子。

姨孃：母亲的妹妹。

姑爷：姑母的丈夫。

姨爹：母亲姐妹的丈夫。

姨妈：母亲的姐姐。

当家人、外前人：丈夫，爱人。

女人、婆娘、屋头人、孩子妈：丈夫对妻子的称呼。

兄、哥：哥哥。

兄弟、弟：弟弟。

姻兄：配偶之兄。一般称哥，又称大舅子。

姻弟：配偶之弟。一般称弟，又称小舅子。

姻姐：配偶之姐。一般称姐，又称大姨子。

姻妹：配偶之妹。一般称妹儿，又称小姨子。

堂兄弟：伯叔兄弟子女。

表哥、表姊妹：舅舅、姑姨妈的子女。

内侄：兄弟的子女。

外侄：表兄弟、姐妹的子女。

老大、老二：对子女的称呼。或称大娃子（大娃儿）、二娃子……老幺又叫幺儿。

旧社会，人们在生活交往中，对亲属称谓比较严格。很早就有统一的规范标准，世代沿用，但由于历史、地域和现实的原因，地区之间称谓也略有不同。自当地解放以来，这些称谓已经简化，人们对其概念也不大深究。

事物用语：

小衣：裤子。

茅厕、茅坑：厕所。

灶门前：厨房。

旺子：猪血。

二天：今后。

夜天：昨天。

耸相：寒酸、贪吃的样子。

提子：拳头。

屙屙：粪便（一般指小孩拉的屎）。

断黑：擦黑，傍晚。

汗褡子：贴身内衣。

这掌：这时。

那掌：那时。

晌午：中午。

歇气：休息。

坐月：生孩子。

背时：不走运。

姑拐：作怪。

放黄：事情没给人办妥。

够打整：不好办。

拐了：出问题，坏了，糟了。

择嘴：只喜欢吃某些食物。

撮合：支持，援助。

打发：嫁女，拿钱给乞丐。

打烂仗：到处流浪，无固定职业。

拱服：信服，称赞。

性状用语：

苟：吝啬。

哈：呆，笨。

奸：狡猾。

逗：吝啬钱财。

精灵：聪明。

扎劲：很好。

酸当：啰唆，说话冗长。

相因：价廉。

玩阔：享受。

踏屑：轻视，看不起。

巴适：衣合体，言行得体。

汤水：麻烦，难办；拖泥带水，不利索。

张巴：大惊小怪。

胎倒：惹了祸，遇到难办的事。

丢心：放心。

标得：不知道。

巴得：不要紧，不怕。

估倒：强迫。

闷古汉：举止粗野。

里扯火：办事不负责任，不认真；质量差。

阴司不纳：萎靡不振。

涮坛子：开玩笑。

挨头子：受批评。

不胎害：不学好。

动作用语：

不受活：身体不舒适，有点小病。

麻利点：动作快一点。

打个尖：不到吃饭时间先吃点东西，暂填肚子。

打瓜：全部卖光。

经佑：服侍，照顾。

乘火：为人有担当。

幽人：讽刺人。

卷人：骂人。

煞角：完结。

煞贴：收拾，料理。

肇皮：有意使人当众丧失面子，事做得不好。

挖苦：说话刻薄。

冲壳子：吹牛，聊天。

吃粑和：占便宜。

其他用语：

利边：故意。

惯侍：姑息，宠爱。

加白：说谎。

咋个儿：什么。

将就：勉强。

牙狗：公狗。

棒老二：土匪。

打估眼：估计。

哑头神：不吭声。

一火连：很快。

一抹多：许多。

没眼火：没希望。

莫来头：不要紧。

牛子：石头。

这塔子：这里。

家怀：随便点。

往年子：过去的年岁。

延二天：昨天。

勒火：冒火。

【歇后语】 歇后语，是由两个部分组成的一句话，前一部分像谜面，后一部分像谜底，通常只说前一部分，而本意在后一部分。歇后语是口语性的具有艺术魅力的语言，风趣形象、通俗易记。恰当地运用，可使语言生动活泼。现将乡域内常用歇后语选录于下。

谐音：

家公死儿——无舅（救）

和尚脑壳——没发（法）

瓜瓢头点灯——瓢（漂）亮

矮子过河——淹（安）心

裁缝脑壳——挡针（当真）

篾条穿豆腐——难提（题）

茅厕头的蛆——找屎（死）

电灯点火——不燃（然）

两爷子打架——父斗（互斗）

外甥打灯笼——照舅（旧）

青菜煮豆腐——一青（清）二白

麻子打呵欠——全面总动圆（员）

鲢巴郎胡子——牵须（谦虚）

磨子上睡觉——响（想）转了

泥水匠招手——要土（吐）

蜘蛛爬对子——网字（枉自）

老婆子打呵害——一望无牙（涯）

两个七十——百四（白事）

叫花子卖米——只有一升（身）

半天云里牵口袋——装风（疯）

扁担做吹火筒——翘（窍）不通

秃子打伞——无发（法）无天

皇帝脑壳——御（芋）头

推义：

土地爷洗澡——淘神

火柴头钻磨子——走一路黑一路

光屁股骑老虎——胆大不害羞

土地爷房子——高不得

木匠戴枷——自作自受

月亮坝头耍刀——明砍

羊子脑壳——够打整

半节弯刀——不成军器

胡子上生疮——毛病

聋子耳朵——摆设

黄鳝耳朵——缺儿

肉包子打狗——有去无回

泥菩萨过河——自身难保

弹花匠女儿——会弹不会纺

老鼠爬秤钩——自称

罗汉请观音——客少主人多

瞎子点灯——白费油

歪嘴婆娘照镜子——当面丢丑

驼子栽筋斗——两头不落实

火葬场开后门——专烧熟人

茅厕里头的石头——又臭又硬

两个哑巴对坐——没谈头

顶起碓窝跳加官——累死不讨好

【谚语】 谚语是长期以来在人民群众中广泛流传的一种口语，固定语句，用简单通俗的话反映出深刻的道理，是人民生活实践中的经验总结。谚语通俗简练，含意深刻，易懂易记。现选录乡域内汉族和彝族部分谚语于下。

汉族谚语：

出门看天色，进门看脸色。

好事不出门，丑事传千里。

要得公道，打个颠倒。

勤劳是个宝，人生不可少。

出门不躬腰，进门没柴烧。

三天不赶场，买卖不归行。

老鸦笑猪黑，自己不觉得。

平时不烧香，临时抱佛脚。

近亲若结婚，延祸到子孙。

人要忠心，火要空心。

人有人不同，花有几样红。

人有失脚，马有漏蹄。

人要衣裳，马要鞍装。

人情好，吃水甜。

人活脸，树活皮。

人多不洗碗，鸭多不生蛋。

人怕伤心，树怕剥皮。

人吵败，猪嚎卖。

跟好人学好人，跟着端公扛假神。

上梁不正下梁歪，中梁不正垮下来。

舍得宝调宝，珍珠换玛瑙。

冤有头，债有主。

不当家不知盐米贵，不养儿不知父母恩。

为人没做亏心事，半夜敲门心不惊。

挣家犹如针挑土，败家犹如水推沙。

心中无冷病，哪怕吃西瓜。

远亲不如近邻，远水难救近火。

磨刀不误砍柴工。

钱要自有，儿要亲生。

是非只为多开口，烦恼皆因强出头。

善有善报，恶有恶报。

一报还一报，屋檐水点点滴。

山中无老虎，猴子称霸王。

吃不穷，穿不穷，不会划算一时穷。

好汉不吃眼前亏。

来到屋檐下，谁敢不低头。

相因钱不附人，水打柴不经烧。

刀头不在大小，只要一个热烙。

村看村，户看户，群众看干部。

听小话，误大事。

听人劝，得一半。

提刀割肉，起眼看人。

口头说得蜜蜜甜，心头像把锯锯镰。

人心隔肚皮，饭甑隔木皮。

人少好过年，人多好种田。

人是铁，饭是钢，一顿不吃饿得慌。

一人有福，拖带一屋。

一尺不补，扯齐尺五。

一顿省一口，一年剩几斗。

一个和尚担水吃，两个和尚抬水吃，三个和尚没水吃。

一年之计在于春，一日之计在于晨，一生之计在于勤。

本分本分，终有一份。

前人种树，后人乘凉。

得人钱财，与人消灾。

吃人茶饭，与人担担。

黄狗吃屎，黑狗遭殃。

有借有还，再借不难。

忍气家不败，忍嘴不欠债。

没得规矩，不成方圆。

十个说客，不如一个戳客。

人不带武相，哪怕背火枪。

命上不带财，哪怕半夜就起来。

秤砣虽小，能压千斤。

政策好，人民饱，政策变，人心乱。

要想人不知，除非己莫为。

留得青山在，何愁没柴烧。

不怕不识货，只怕货比货。

彝族谚语：

云雾赂上爬，大雨往下落。

随便插杨柳，杨柳绿茵茵；专门栽红花，红花活不成。

住在深山很富裕，再远也有亲戚来；行乞在街上，无人去理睬。

人类皇帝大，蹄类骆驼大，翅类鹏鸟大。

鸡不欠鹰债，鹰来抓鸡吃；羊不欠豹债，豹来捉羊吃。

主子会计算，粑粑做得薄菲菲；奴隶会计算，柴火捆得薄菲菲。

土司经营百姓，一年派三次款；富人经营绵羊，一年剪三次毛。

富人骑骏马，穷人负重荷。

人类相骗两相亏，兔子相逐上坡累。

不偷的被栽诬，不病的喂汤药，无过的遭冤枉。

一棵树子倒下后，狗也来爬，猪也来爬。

爱别人者人爱他，恨别人者人恨他。

别人做的利于我，我做的利于别人。

黑心讨厌者，到处惹人敌；懂礼卓识者，到处有朋友。

穷人不求人，死人那天就求人；富人不求人，被窃那天就求人。

雄鹰飞得远，觅食比友多；虎豹走得宽，食物比众多；人类走得远，知识超人群。

十个无知汇一处，能顶有见识的人。

贤人住处能替人济危，勇士住处能帮人杀敌。

贤人坐处话悦耳，瘪子坐处语难听。

贤人言谈轻而快，瘪子言谈带粪气。

文化安顺

红军精神永存

【领导题词】　全国解放后，为纪念中国工农红军强渡大渡河取得胜利，继续发扬红军精神，有18位老一辈无产阶级革命家为中国工农红军强渡大渡河纪念馆题词。其中，邓小平、刘伯承、聂荣臻、杨得志、杨成武、李一氓、萧华、黄镇、宋任穷、孙继先、张爱萍、宋时轮、舒同、陆定一、王耀南、杨尚昆、魏传统等题词是1983年为中国工农红军纪念碑落成题写的，江泽民题词是2004年为中国工农红军安顺场强渡大渡河纪念馆开馆题写的。

【党和国家领导人视察安顺】　中华人民共和国成立以来，有多位国家领导人到安顺场视察工作或为安顺乡的发展题词。

1966年3月2日，西南大三线建设副总指挥彭德怀元帅在川矿视察工作时会见1935年5月25日帮助红军强渡大渡河取得胜利的老船工帅仕高，并了解安顺场的经济发展和帅仕高的生活情况。

1981年7月21日，中共中央政治局委员、国务院副总理杨静仁在安顺场视察工作。

1983年5月29日，全国政协副主席杨成武在石棉安顺场考察工作，并题词"发展经济，振兴中华"。

1988年5月13日，中共中央政治局委员、省委书记杨汝岱在石棉视察工作，并到安顺场红军强渡大渡河纪念馆参观。

1997年7月24日，中共中央政治局委员、国务院副总理姜春云率国家计委主任、林业部党组书记陈耀邦，国务院副秘书长刘济民，水利部副部长张春园，农业部副部长万宝瑞等在石棉县视察水电开发，并到安顺场参观红军强渡大渡河纪念馆。

1999年12月27日，中共中央总书记、国家主席、中央军委主席江泽民为安顺场中心校题词"八一希望小学"。

2012年5月9日，全国政协副主席，中国工程院原院长徐匡迪院士在安顺场视察调研灾后重建、新农村建设和红色旅游开发工作，并参观了中国工农红军强渡大渡河纪

念馆。

【将军情系安顺场】　全国解放以来，有18位将军到安顺场视察工作（或在京接见安顺场老船工），并到中国工农红军强渡大渡河纪念馆参观。

1985年6月13日，中国人民解放军总参谋长杨得志在北京接见1935年帮助红军强渡大渡河取得胜利的老船工龚万才、韦崇德。

1987年10月8日，南京军区原副司令员陈靖在安顺场红军强渡大渡河纪念馆参观，并看望老船工帅仕高。

1988年5月11日，中国人民解放军总后勤部原副部长张明远在安顺场考察工作，看望老船工并参观红军强渡大渡河纪念馆。

2000年4月8日，成都军区司令员廖锡龙在安顺场红军强渡大渡河纪念馆参观。

2004年11月21日，武警总部副参谋长王建平少将、后勤部副部长周锁海少将在安顺场中国工农红军强渡大渡河纪念馆参观。

2006年5月23日，解放军总后勤部政治部副秘书长戴新桥在石棉县安顺场参加安顺场八一希望小学奠基仪式，并参观中国工农红军强渡大渡河纪念馆。

2009年5月20日，中国人民解放军总政歌舞团政委王玉祥在安顺场中国工农红军强渡大渡河纪念馆参观。12月5日，中国人民解放军总后勤部政治部副主任陶德平少将在石棉县安顺乡检查自来水厂建设进展情况，并到中国工农红军纪念馆参观。

2010年5月6日，中国人民解放军总后勤部政治部副秘书长戴新桥到安顺乡视察旅游开发建设情况，并到中国工农红军强渡大渡河遗址实地考察。6月1日，兰州军区参谋长刘奥军中将、成都军区副参谋长苏巍少将、四川省军区参谋长张培明少将等一行在安顺场革命老区检查指导工作，并向中国工农红军强渡大渡河纪念碑敬献了花篮，参观了红军强渡大渡河纪念馆，并到八一希望小学慰问全体师生。8月7日，中国人民解放军总后勤部陶得平少将在石棉安顺场视察工作。

2011年11月17日，中国人民解放军后勤工程学院政委宋海英在石棉安顺场参加总后勤部援建八一爱民小学文化墙揭幕仪式，并到中国工农红军强渡大渡河纪念馆参观。

2012年9月27日，中国工农红军强渡大渡河红一团原团长上将杨得志之子、南京军区联勤部部长杨建华少将一行沿着当年父辈走过的足迹，专程到安顺场中国工农红军强渡大渡河纪念馆，向纪念碑敬献花篮，吊唁革命先烈。

2013年5月29日，中国人民解放军成都军区副司令员李作成在石棉县安顺场调研，并参观中国工农红军强渡大渡河纪念馆。8月7日，成都军区政治部副主任郑道光在石棉安顺场调研革命老区建设，并参观了红军遗址公园、强渡大渡河纪念馆，并到红军纪念碑前敬献花篮。

2015年7月8日，原总后勤部部长刘源上将在安顺场视察，并参观中国工农红军强

渡大渡河纪念馆，向纪念碑敬献花篮，吊唁革命先烈。12月24日，中国军地书画院研究员、名誉院长张宗银将军在石棉县考察灾后重建、红军文化建设工作，并参观中国工农红军强渡大渡河纪念馆。

【省部级领导视察安顺】　1981—2015年，有省部级领导80余人到安顺场视察工作，参观红军纪念馆，悼念革命先烈，关心支持安顺乡经济、社会等发展。

1981年4月，中共四川省委书记谭启龙在石棉县检查工作，鼓励中共石棉县委进一步解放思想，让农民根据自己的意愿选择生产责任制形式，并到安顺场中国工农红军革命文物陈列室参观。

1984年8月7日，四川省人民政府省长杨析综、副省长罗通达等一行20多人在石棉县检查工作，并到红军强渡大渡河纪念馆参观。9月16日，省政协副主席任景尤一行4人在石棉县检查政协委员和党外人士政策落实情况，并到安顺场红军强渡大渡河纪念馆参观。10月21日，中共四川省委常委黄启璪在石棉视察工作，并到安顺场参观红军强渡大渡河纪念馆。

1985年7月28日，中共四川省委书记杨汝岱到安顺场视察，参观了红军纪念馆并作"学习红军万里长征的革命精神，努力完成四化大业"的题词。8月17日，四川省人民政府蒋民宽在石棉县视察工作，并到安顺场参观红军强渡大渡河纪念馆。

1986年2月3日，中共四川省委常委谢世杰在石棉县视察工作，并到安顺场参观红军强渡大渡河纪念馆。6月20日，教育部副部长杨晓波在安顺视察教育工作，并参观红军强渡大渡河纪念馆。

1987年3月8日，国家建材局局长林汉雄在石棉考察大理石矿藏资源，并到安顺场红军强渡大渡河纪念馆参观。3月29日，农牧渔业部副部长孟宪德在石棉考察水果、水产、畜牧业的发展情况，并到安顺场红军强渡大渡河纪念馆参观。7月20日，中共四川省委常委、省科委主任宋大凡在石棉检查科技工作，并到安顺场红军强渡大渡河纪念馆参观。

1988年7月15日，全国人大常委会委员、老红军扎西义勋在石棉视察民族工作，并到安顺场红军强渡大渡河纪念馆参观。

1989年7月19日，中共四川省委副书记冯元蔚、省人民政府副省长罗通达在石棉县安顺、先锋等乡视察了解地震灾情，并到安顺场红军强渡大渡河纪念馆参观。10月22日，省政协副主席辛文在石棉县考察水电建设工作，并到安顺场红军纪念馆参观。12月2日，轻工业部副部长管学思在石棉县考察工作，并到安顺场红军纪念馆参观。12月20日，共青团中央书记李源潮在石棉视察工作，并到安顺场红军纪念馆参观。

1990年4月16日，农业部部长何康在石棉视察农业经济工作，并到安顺场红军纪念馆参观。5月20日，四川省人民政府副省长谢世杰在石棉检查工作，并到安顺场红军强渡大渡河纪念馆参观。5月23日，中共四川省委副书记宋宝瑞在石棉视察工作，并到安顺场参观红军强渡大渡河纪念馆。8月20日，中共四川省委副书记聂荣贵在石棉县考察工作，并到安顺场红军纪念馆参观。

1991年1月22日，四川省人民检察院检察长龚读伦在石棉县检查工作，并到安顺场红军纪念馆参观。5月30日，能源部党组书记王干国在石棉视察花岗石开发情况，并到安顺场红军强渡大渡河纪念馆参观。6月2日，国家民委第一副主任伍精华在石棉视察民族工作，并到安顺场红军纪念馆参观。

1992年5月26日，最高人民检察院副检察长王文元在石棉县视察检察工作，并到安顺场红军纪念馆参观。7月13日，中共四川省委副书记、省政府副省长李伯勇在石棉视察灾情，并到安顺场红军强渡大渡河纪念馆参观。

1993年3月20日，中共四川省委副书记冯元蔚在石棉县视察教育工作，并到安顺场红军强渡大渡河纪念馆参观。5月20日，四川省政协原主席廖伯康在石棉视察工作，并到安顺场红军强渡大渡河纪念馆参观。

1995年1月10日，中共四川省委书记谢世杰在石棉视察工作，并到安顺场红军纪念馆参观。7月25日，中共四川省委常委、省委民工委常务副书记史志义在石棉县安顺乡考察水电开发情况，并到红军强渡大渡河纪念馆参观。

1996年3月15日，四川省人民政府副省长欧泽高在石棉县检查防震减灾工作，并到安顺场红军强渡大渡河纪念馆参观。

1997年2月8日，中共四川省委书记谢世杰在安顺乡考察畜牧业工作，并到红军强渡大渡河纪念馆参观。

1999年6月28日，中共四川省委常委、省委民工委副书记刘绍先在石棉县检查民族地区经济发展情况，并到安顺场红军强渡大渡河纪念馆参观。6月14日，全国人大常委会委员杨振怀在石棉县视察天然林保护区，并到安顺场红军强渡大渡河纪念馆参观。8月24日，国家地震局副局长岳明生在石棉县视察防震减灾工作，并到安顺场红军强渡大渡河纪念馆参观。

2001年3月22日，四川省人大常委会副主任刘子寿在石棉县视察退耕还林工程，并到安顺场红军强渡大渡河纪念馆参观。12月20日，四川省人大常委会主任谢世杰在石棉县视察水电工作，并到安顺场红军强渡大渡河纪念馆参观。

2003年4月24日，全国政协常委陈邦柱在石棉县视察退耕还林工作，并到安顺场红军强渡大渡河纪念馆参观。9月16日，原中央党史研究室副主任石仲全一行7人到石棉县安顺场红军强渡大渡河纪念馆参观。12月11日，中共中央党史研究室原副主任、党史学会常务副主任陈威到安顺场红军强渡大渡河纪念馆参观。

2004年5月24日，中共四川省委副书记刘鹏，成都军区副司令员范晓光，省委常

委、宣传部部长王少雄，省人民政府副省长张作哈，省军区副司令员胡昌政在安顺场参加中国工农红军大渡河纪念馆开馆仪式，省委副书记刘鹏、成都军区副司令员范晓光为纪念馆揭匾。8月16日，中共中央原组织部部长、中央党建领导小组常务副组长张全景在石棉调研党建工作，并到安顺场听取了当地开发红色旅游资源的情况汇报，详细了解了中国工农红军在安顺场的这段历史，并挥毫为纪念馆题词留念。11月3日，水利部副部长索丽生在石棉考察地方电力工作，并到安顺场红军纪念馆参观。11月16日，国务院常务副秘书长汪洋、四川省人民政府省长张中伟在石棉县考察移民工作，并到安顺场中国工农红军强渡大渡河纪念馆参观。11月24日，中共四川省委书记、省人大常委会主任张学忠，省委常委、省政法委书记欧泽高在石棉考察水电开发，并到安顺场中国工农红军强渡大渡河纪念馆参观。

2005年5月24日，中共四川省委副书记、副省长蒋巨峰在石棉考察移民工作，并到安顺场中国工农红军强渡大渡河纪念馆参观。

2006年4月23日，中央文献研究室副主任、研究员李捷在石棉县安顺场调研红色旅游发展情况，并参观中国工农红军强渡大渡河纪念馆。6月6日，文化部副部长周和平、中共四川省委副书记陶武先、省政府副省长柯尊平在安顺场参加国务院、文化部为石棉县安顺场中国工农红军强渡大渡河遗址授牌活动，并参观中国工农红军强渡大渡河纪念馆。11月21日，省人大常委会副主任刘子寿在石棉进行少数民族权益保障工作专题调研，并到安顺场中国工农红军强渡大渡河纪念馆参观。

2009年10月27日，中共四川省委书记刘奇葆在石棉视察灾后重建和城乡环境综合治理工作，并到安顺场中国工农红军强渡大渡河纪念馆参观。

2010年7月26日，中央政府驻港联络办副主任黄兰发在石棉县安顺场考察，到中国工农红军强渡大渡河纪念馆参观，并向中国工农红军纪念碑敬献花篮。

2012年3月29日，省政府副省长黄彦蓉带领省教育厅厅长涂文涛、省旅游局局长郝康理、省住房和城乡建设厅副厅长王卫南等在安顺乡检查教育、旅游、建设等工作，并到中国工农红军强渡大渡河纪念馆参观。4月28日，省委副书记、省长蒋巨峰在安顺场视察工作，并到中国工农红军强渡大渡河纪念馆参观。8月14日，省委常委、副省长钟勉在石棉安顺场调研移民后扶工作，并到中国工农红军强渡大渡河纪念馆参观。10月3日，全国人大常委会委员、内司委主任委员黄镇东在石棉安顺场考察工作，并到中国工农红军强渡大渡河纪念馆参观。

2013年1月8日，省委书记王东明在石棉调研清洁能源开发工作，并到中国工农红军强渡大渡河纪念馆参观。2月20日，省政府副省长陈文华率省政府副秘书长何旅章、省体育局局长朱玲、省卫生厅副厅长张祖芸等在石棉视察调研，并到安顺场红军强渡大渡河纪念馆参观。2月26日，省政府副省长、省公安厅厅长待俊率省政府副秘书长张晋川、秘书处处长张田义等在石棉安顺场调研新农村建设工作，并到中国工农红军强渡大渡河纪念馆参观。3月12日，省委常委、省委宣传部部长吴靖平在石棉视察调研，并到中国工农红军强渡大渡河纪念馆参观。3月13日，省政协副主席杨兴平在石棉县安顺乡安宁沟集中安置点调研新村建设，并到中国工农红军强渡大渡河纪念馆参观。3月30日，文化部副部长杨志今在石棉安顺场调研红色文化建设工作，实地考察了红军强渡大渡河遗址，并到红军强渡大渡河纪念馆参观。4月30日，省政府副省长黄彦蓉率省教育厅厅长朱世宏、省住建厅厅长何健等在石棉县指导抗震救灾工作，实地查看安顺场八一爱民小学、红军强渡大渡河纪念馆的受损情况。5月4日，省政府副省长曲木史哈在石棉检查指导抗震救灾工作，并到安顺场中国工农红军纪念馆实地考察灾情。

2014年2月14日，省政协副主席杨兴平在石棉县安顺乡新场村指导检查灾后重建工作，并到中国工农红军强渡大渡河纪念馆参观。3月10日，省政府副省长、省公安厅厅长待俊在石棉调研党的群众路线教育实践活动，并到中国工农红军强渡大渡河纪念馆参观。9月16日，全国人大常委会委员、全国人大民族委员会副主任委员孙大发，全国人大常委会委员、全国人大民族委员会委员刘振来，全国人大民族委员会委员张永义等在石棉县调研民族地区经济社会发展情况，并到安顺场红军强渡大渡河纪念馆参观。

2015年3月5日，中央党史研究室副主任吕世光在石棉调研党史工作，并到安顺场红军强渡大渡河纪念馆参观。3月10日，省政府副省长甘霖在石棉县调研工业经济工作，并到安顺场红军强渡大渡河纪念馆参观。4月9日，中国地震局副局长修济刚在石棉县调研防震减灾工作，并到安顺场红军强渡大渡河纪念馆参观。5月26日，省政协副主席杨兴平在石棉县安顺乡调研灾后重建和双联工作，并到中国工农红军强渡大渡河纪念馆参观。6月24日，中宣部《党建》杂志社社长、总编辑刘汉俊在石棉县安顺场调研红色文化旅游和灾后恢复重建工作，并到中国工农红军强渡大渡河纪念馆参观。7月9日，省委常委、政法委书记待俊在石棉县安顺乡调研政法工作，并到中国工农红军强渡大渡河纪念馆参观。8月19日，省政府副省长、雅安市委书记叶壮在石棉县安顺乡调研扶贫攻坚和灾后重建工作，并到中国工农红军强渡大渡河纪念馆参观。10月27日，省委常委、省纪委书记王雁飞在石棉县安顺乡调研党风廉政建设工作，并到中国工农红军强渡大渡河纪念馆参观。12月2日，省委常委、组织部部长范锐平在石棉县安顺乡调研基层党组织建设工作，并到中国工农红军强渡大渡河纪念馆参观。

【红军后代情系安顺场】 1990—2015年，共有红军后代50余人次到安顺场向红军纪念碑敬献花圈，悼念革命先烈，看望当年帮助红军渡河的老船工。1990年5月25日，强渡大渡河红一团一营营长、济南军区原副司令员孙继先将军骨灰由其儿子孙东宁抛撒在安顺场大渡河中。2005 年 6 月 11 日，张爱萍上将之女、世界人类生态工程学会秘书长张小艾等到达安顺场，参观安顺红军强渡大渡河纪念馆、红军渡和红军登陆点，向红军纪念碑敬献花篮，悼念革命先烈。2006 年 8 月 12 日，参加“情系长征路——开国元勋子女重走长征路”红色之旅的新中国开国元勋、将帅子女、亲属等 40 余人在石棉县安顺场视

1996 年 6 月 13 日，“重走长征播火者行动”采访团在安顺场采访

察，并参观中国工农红军强渡大渡河纪念馆，受到中共石棉县委、县人大常委会、县政府、县政协等领导的热情接待。2010 年 4 月 3 日，刘伯承元帅之子、全国政协委员、空军指挥学院原副院长刘太行一行，专程到安顺场中国工农红军强渡大渡河纪念馆参观，并向红军纪念碑敬献花篮，悼念革命先烈。2012 年 9 月 27 日，中国工农红军强渡大渡河红一团团长杨得志上将之子、南京军区联勤部部长杨建华少将一行沿着当年父辈走过的足迹，专程到安顺场中国工农红军强渡大渡河纪念馆，向红军纪念碑敬献花篮，悼念革命先烈。2015 年 5 月 25 日，纪念中国工农红军长征强渡大渡河胜利 80 周年活动顺利开展：强渡大渡河红一师一团团长杨得志上将之子杨建华撰文《大渡河畔颂英雄——纪念红一团强渡大渡河胜利 80 周年》；强渡大渡河红一师一团一营营长孙继先中将之子孙东宁撰文《魂系大渡河——纪念红军长征强渡大渡河胜利 80 周年》，情系安顺场歌颂红军、大力弘扬红军精神。

【新闻媒体聚焦安顺场】　1984—2015 年，共有 20 批次新闻媒体在石棉安顺场开展大型采访活动。

1984 年 5 月 28 日，《经济日报》记者罗开富在石棉县安顺场采访，并参观了中国工农红军强渡大渡河纪念碑。

1996 年 5 月，安顺彝族乡小学被国家计划委员会列入授建的八一希望小学。6 月 13 日，《羊城晚报》和广州军区《战士报》“重走长征播火者行动”采访团在石棉采访。采访主题是：弘扬长征精神，讴歌革命先烈事迹，振奋军民精神，携手奔向新世纪。

2001 年 5 月 23 日，县委、县政府举办纪念红军长征强渡大渡河胜利 66 周年活动，弘扬红军精神，支持北京申办 2008 年奥运会。中央电视台、浙江电视台、四川电视

台、《四川日报》、《四川青年报》、《雅安日报》、石棉电视台等国内多家媒体新闻单位对活动现场进行摄制报道。

2005年4月11日，由中国艺术家协会旅游电视委员会主办，中国电视艺术家协会旅游电视委员会四川工作站承办，中央电视台、旅游卫视、北京电视台、云南电视台、河北电视台、贵州电视台、广州电视台、山西电视台、四川电视台等16家主流电视台47名资深记者参加的"重走长征路，红色四川行"中国主流媒体大型联合采访活动在石棉安顺场举行。采访团观看了红军进入安顺场场景模拟表演，参观了石达开安营扎寨的营盘山和马鞍山，以及松林河、大渡河、红军指挥楼、红军标语、安顺场小城镇规划蓝图、纪念馆、纪念碑等景点。6月5日，由知名作家、中国作协副主席黄亚明，知名作家、中国作协党组成员田滋茂率领的中国作家重访长征路采风团二团抵达石棉县安顺场，参观了中国工农红军强渡大渡河纪念馆，在安顺场进行采风活动。

2005年4月11日，中国主流媒体采访团在安顺场采访

2006年9月14日，中央人民广播电台大型现场直播节目"万里长歌"采访团在安顺场采访。9月25日，"人民警察重走长征路"一行52人，由《人民公安报》副总编孙福会率领在石棉安顺采访。

2009年6月4日，"省、市报社记者重走长征路，庆祝中华人民共和国成立六十周年，纪念改革开放三十年革命老区经济巨变"采访团一行25人在安顺场采访，并参观中国工农红军强渡大渡河纪念馆。

2011年6月12日，中国国际广播电台"新西行漫记"四川采访报道团在石棉县安顺场采访报道。6月15日，由省委宣传部组织的中央驻川、省级新闻媒体"重走长征路"大型采访团一行30余人在石棉安顺场中国工农红军强渡大渡河纪念馆参观采访。6月23日，由省文联和雅安市委共同举办的"从安顺场到夹金山"主题采风活动在石棉县安顺场举行，采访团参观了安顺场中国工农红军强渡大渡河纪念馆，并进行了采风活动。

2012年10月30日，中国摄影家协会理事、四川省文联副主席、四川省摄影家协会副主席林强，中国十大民间艺术家、中国彩釉镶嵌漆艺创立者司徒华等一行30位作

家、摄影家在安顺场红军强渡大渡河纪念馆参观，并进行采风创作。11月3日，中央电视台中文国际频道总监杨刚毅、《远方的家》栏目制片主任杨钢等一行10多人在安顺场景区进行考察，并参观了中国工农红军强渡大渡河纪念馆。

2013年4月17日，新华社总编辑何平一行在石棉县安顺场调研安顺场红色文化的挖掘打造工作，并参观红军强渡大渡河遗址、中国工农红军强渡大渡河纪念馆。

2014年4月9日，中新社、中国网、中国经济网、《中国日报》、四川电视台、《四川日报》、《华西都市报》等12家新闻媒体联合开展芦山地震一周年巡回采访，并对安顺的旅游发展、灾后重建进行重点报道。

2015年4月22日，四川博物院学术调研小组在中国工农红军强渡大渡河纪念馆实地收集资料，采访相关内容，编写《伟大长征途中的中国梦》小册子第二辑，为做好"抗日战争胜利70周年暨长征入川80周年纪念活动"资料汇编奠定基础。6月19日，中央电视台纪录频道（CCTV-9）大型文献纪录片《筑梦路上》摄制组在石棉县安顺场红军强渡大渡河遗址开展拍摄工作。7月23日，"重遇长征史，重走长征路"全国新闻单位夜班编辑主题采访活动在石棉县安顺场举行。8月11日，广东省"重走长征路"主题采访团在石棉县安顺场采访。9月22日，中宣部出版局"重走长征路"采访团在石棉县安顺场采访。

中央、省、市媒体团在安顺场采访灾后重建工作

【国际友人考察安顺场】　　1981—2015年，安顺场共接待国际友人23批次到安顺场参观考察。

1981年2月12日，美国前总统安全事务助理布热津斯基及夫人和前白宫国家安全委员高级工作人员、中国问题专家奥克森伯格及夫人到安顺场考察访问，并参观中国工农红军革命文物陈列室。

1984年4月21日，美国《纽约时报》副总编索尔兹伯里（Salisburg）夫妇及其陪同外交官谢维斯一行，在石棉安顺场参观采访红军强渡大渡河的历史情况，参观中国工农红军纪念碑，准备编写《红军长征史》一书。11月7日，日本山口大学松本征夫教授、日本爱媛大学佐藤信次一行11人和中国科学院地质研究人员，在石棉进行中国攀西裂谷地质考察活

1984年4月21日，美国《纽约时报》副总编索尔兹伯里在石棉安顺场参观采访

动，即"石棉穆基堡尔效应研究"，到安顺场考察访问，并参观中国工农红军纪念碑。

1985年5月10日，墨西哥前世界小麦、玉米研究中心主任汉森夫妇在石棉安顺场参观中国工农红军强渡大渡河纪念馆。9月5日，澳大利亚威尔顿公司美国摄影师山地先生一行8人，在石棉县安顺场等地进行《长征》画册摄影工作，并参观中国工农红军纪念馆。11月15日，美国密歇根州大学文学院院长哈林斯华兹（汉名何雅伦）一行，在石棉考察"石达开战败地"，到安顺场参观中国工农红军强渡大渡河纪念馆，并题词："这是一个具有历史意义的地方"。

1988年11月25日—27日，日本摄影家野田和嘉一行4人，在石棉县安顺场等地拍摄《红军长征》专辑，并参观中国工农红军强渡大渡河纪念馆。

1989年3月20日，瑞士日内瓦大学理学院瓦格纳教授在四川省石棉矿海子山等地进行地质矿产考察，并到安顺场参观中国工农红军强渡大渡河纪念馆。7月26—28日，美国博物馆兽类部的克里斯、杰克布斯先生在中国科学院相关动植物研究人员陪

同下，在石棉考察动植物资源，并到安顺场参观中国工农红军大渡河纪念馆。

1990年6月28—30日，苏联科学院民族研究所教授克留科夫、别伊·伊沃里亚·伊沃西夫维奇等在石棉县考察少数民族基本情况，并到安顺场中国工农红军强渡大渡河纪念馆参观。11月1日，日本养猪专家鱼占泽一雄在石棉县进行养猪国际学术

1985年5月10日，澳大利亚威尔顿公司美国摄影师山地先生在安顺场进行《长征》画册摄影

交流，并到安顺场中国工农红军强渡大渡河纪念馆参观。12月1—3日，日本山梨县果树研究员山田嘉雄先生在石棉县考察、交流水果生产技术，并到安顺场参观中国工农红军强渡大渡河纪念馆。

1991年9月28日，曾受到国务院总理周恩来等中央领导接见的日本东京铜锣木偶剧团宫原大刀夫妇在石棉县演出，并到安顺场考察，参观了中国工农红军强渡大渡河纪念馆。

1992年9月6—7日，美国世界少数民族语言文字研究院院长弗兰克·罗宾森博士在中央民族学院民语系主任、民族语言研究所所长戴庆厦教授，省语委主任马海木呷等的陪同下在石棉安顺场考察访问，并参观中国工农红军强渡大渡河纪念馆。

1994年7月18—19日，国际爱德基金会医学博士巴斯蒂安（德国）、哈利、女医生约翰（印度）等组成的项目评估组，对出资为石棉县培训的首批乡村医生开展工作的情况进行评估，并到安顺场考察访问，参观中国工农红军强渡大渡河纪念馆。5月1—2日，日本云母加工最大厂家东石产业株式会社会长相泽久洪、社长相泽逸子及中村晃子等人在石棉县草科藏族乡实地考察云母矿开采、加工及储量，并到安顺场参观中国工农红军强渡大渡河纪念馆。11月15—17日，应四川省地震局邀请，日本东北大学地震火山观测预报中心技官松本聪、河野俊先生在石棉县开展四川西部和日本东北地区的地质结构对比研究，并到安顺场考察访问，参观中国工农红军强渡大渡河纪念馆。

1995年4月21—22日，日本星火产业株式会社访华团金子三郎一行6人，在石棉

县安顺场考察访问，并参观中国工农红军强渡大渡河纪念馆。

1996年8月17—18日，日本新潟大学灾害研究所所长大木靖已教授等4人在石棉县对草科温泉、挖角川2号井等地质断裂和地震台（站）进行考察研究，并到安顺场参观中国工农红军强渡大渡河纪念馆。

1999年9月23日，挪威埃肯集团总裁Isaklauvas先生率国际高耗能工业投资考察团等5人在石棉县考察高耗能工业，并到安顺场中国工农红军纪念馆参观。

2004年6月11日，以色列友人武大卫（Daved Bed Vziel）在石棉县安顺场实地考察并参观中国工农红军强渡大渡河纪念馆。

2007年10月28日，日本学习"中国人民革命战争"访华团团长伊滕公三等6人在中日友协相关领导的陪同下在石棉安顺场考察访问，并参观了中国工农红军强渡大渡河纪念馆。

2015年3月31日，澳大利亚国家科学院院士Robert A. McIntosh在安顺场调研

2015年3月31日，澳大利亚国家科学院院士罗伯特（Roberta A. McIntosh）在安顺场开展学术调研，对安顺场景区文化设施、红军长征强渡大渡河历史、太平天国历史等进行详细了解，参观中国工农红军强渡大渡河纪念馆，并签名留念。

【纪念活动】　1962—2015年，安顺场共开展各种纪念活动200余次，其中有影响的纪念活动33次。

1962年3月2日，中国工农红军革命文物陈列室在安顺场建成并接待参观。

1969年11月20日，四川美术学院教师20多人在安顺场写生，并参观中国工农红军革命文物陈列室。

1980年5月，四川省人民政府正式公布安顺场红军强渡大渡河遗址为省级文物保护单位。

1983年5月24日，中国工农红军强渡大渡河纪念碑落成，石棉县在安顺场举行落成仪式暨庆典活动。6月7日，强渡大渡河红一师举行建师50周年师庆活动，老船工龚万才、韦崇德应邀参加活动，韦崇德还讲述了中国工农红军强渡大渡河的情景。

1986年7月28日，中国人民解放军总政治部派出"八一"女篮、济南军区女篮、空军男篮、广州军区男篮等64人到石棉

1983年5月24日，中国工农红军强渡大渡河纪念碑落成仪式

县进行篮球表演赛，纪念红军长征胜利50周年，表演赛于28—31日进行，为期4天，1万多名观众观看了比赛。

1987年5月20日，重庆建筑学院18名师生在安顺乡考察，帮助制定了将安顺场逐步发展为建置镇的总体规划和详细规划，并参观中国工农红军强渡大渡河纪念馆。

1991年4月24日—26日，"八一"、上海、广州部队和四川等全国甲级女篮在石棉参加"安顺场杯"邀请赛，2万多群众观看比赛。

1993年6月7日，强渡大渡河红一师举行建师60周年师庆祝活动，老船工韦崇德及儿子韦飞前去红一师参加建师庆祝活动，韦崇德再次向全师官兵做了英模报告。

1996年5月，安顺彝族乡小学被国家计委列入授建的八一希望小学。5月24日，安顺场被省委、省政府命名为"省级爱国主义教育基地"。县委、县政府在安顺场隆重举行纪念红军长征胜利60周年大会暨"省级爱国主义教育基地"授牌揭幕仪式，500多名干部、群众参加大会。

1999年12月27日，县委、县政府在安顺场八一希望小学举行中共中央总书记、国家主席、中央军委主席江泽民题写的"八一希望小学"铜牌授牌仪式。

2002年3月，安顺场红军强渡大渡河纪念地被中宣部宣教局命名为全国第二批"百个爱国主义教育基地"。5月25日，县委、县政府举办"中国工农红军强渡大渡河胜利67周年暨'5·25'天保杯"公路越野赛。开展模拟17勇士着装进入安顺场情景表演、中国工农红军强渡大渡河纪念馆奠基仪式、安顺场之夜大型篝火晚会等多项活动。

2003年8月20日，来自教育部全国高等院校教材研讨会的全国各地30多名大专院校的校长、教授、专家一行，专程到石棉县爱国主义教育基地安顺场参观。

2004年5月24日，中国工农红军强渡大渡河纪念馆正式建成开馆，中共四川省委副书记刘鹏，省委常委、宣传部部长王少雄，省政府副省长张作哈，成都军区副司令员范晓光等领导和全县3000多名干部群众参加了开馆仪式，中央电视台、四川电视台、香港凤凰卫视等国内十多家新闻媒体对开馆仪式进行了报道。

2004年5月24日，中国工农红军强渡大渡河纪念馆落成仪式

2005年3月15日—5月10日，为纪念中国工农红军长征胜利70周年，中共四川省委、四川省人民政府在北京人民大会堂举办"红军魂——四川红色旅游"大型展览，石棉县选送的邓小平亲笔题词的"中国工农红军强渡大渡河纪念碑"作品原件和部分图片被选中参加展览。3月25日，县委县政府举行聘请仪式，聘请2000年悉尼奥运会女子78公斤级柔道冠军唐琳女士担任安顺场红色景区的形象代言人。4月10日—15日，县委宣传部、县旅游局、县文化局、安顺彝族乡政府等参加了在北京人民大会堂举办的四川省红色旅游宣传月活动，发放石棉旅游和安顺场红色旅游宣传资料近2万份。5月13日—15日，云南昆明陆军学院2005届毕业学员"重走长征路"军行综合演练队一行800余人到达安顺场，县委宣传部，安顺乡党委、政府对其在安顺期间的所有活动进行了协调，并配合该院完成了全部演练任务。

2006年6月26日，中国工农红军强渡大渡河遗址被国务院批准公布为"全国重点文物保护单位"。8月4日，由交通部体法司副司长王宝成带队组成的"长征路上看交通"采访活动团一行38人抵达石棉安顺场，在安顺场进行采访并参观中国工农红军强渡大渡河纪念馆。8月12日，参加"情系长征路——开国元勋子女重走长征路"红色之旅的新中国开国元勋、将帅子女、亲属等40余人在石棉安顺场视察。11月5日，中国工农红军强渡大渡河遗址暨安顺场纪念馆被省委、省宣传部、团省委、省文化厅评为"优秀青少年爱国主义教育基地"。12月1日，"我的长征"重走长征路栏目组60多名队员抵达石棉县，与石棉县32名志愿者一同重走擦罗至安顺段24公里的长征路，并参观安顺场中国工农红军强渡大渡河纪念馆。

2008年6月27日，中央电视台心连心艺术团在石棉安顺场慰问演出，艺术家们演出后参观了中国工农红军强渡大渡河纪念馆。

2010年11月9日，民革上海市委、四川省委"重走抗战路"西路巡访团在石棉县安顺场实地考察，并参观中国工农红军强渡大渡河纪念馆。

2008年6月27日，心连心艺术团赴石棉灾区在红色安顺场慰问演出

2012年3月17日，以"走红军路，品黄果柑，游绿色石棉"为主题的中国第二届黄果柑暨石棉县乡村旅游节在安顺场举行。

2013年3月16日，四川花卉（果类）生态旅游节暨石棉第三届黄果柑生态旅游节在石棉县安顺场举行

2013年3月16日，2013四川花卉（果类）生态旅游节暨石棉第三届黄果柑生态旅游节在石棉县安顺场举行，开展了丰富多彩的文艺表演和餐饮大赛，20多家新闻媒体对这次活动进行了报道。2014年3月16日，2014四川花卉（果类）

生态旅游暨第四届黄果柑生态旅游节在石棉县安顺场举行，省、市、县领导及2000多名群众参加了开幕式，并开展了丰富多彩的文娱表演和餐饮大赛，23家新闻媒体对这次活动进行了报道。

2015年3月15日，石棉县举办第一期"石棉阳光欢乐游"主题活动暨"石棉旅游迎春之旅"，100余名游客着红军服饰浏览红色安顺胜地，体验红色文化。3月20日，2015年四川花卉（果类）生态旅游节暨石棉第五届黄果柑生态旅游节在石棉安顺场举行，节会以"生态盛宴、群众节日"为主题，举办了极具民族特色的文艺表演、特色农产品展销、乡村美景影展、大渡河奇石展、欢乐摘果游等活动。5月20日，石棉县举行纪念中国工农红军长征强渡大渡河胜利80周年暨第二届"体彩杯"自行车公路赛，吸引了来自南充、乐山及市内雨城、汉源等地的100余名自行车爱好者参加。5月25日，石棉县纪念中国工农红军长征强渡大渡河胜利80周年，以"踏着长征足迹，建设美好石棉"为主题的群众文艺演出在安顺场举行，省内外20余家新闻媒体对这次活动进行了报道。同日，四川省党委研究命名石棉县安顺场中国工农红军强渡大渡河纪念馆为"四川省中共党史教育基地"。11月19日，四川省文化馆2015年"天府群星快车，送文化下基层"惠民巡演在安顺场幸福美丽新村文化广场举行，为当地群众送上了青花瓷鼓上舞、力量杂技、东北二人转、四川清音、川剧变脸等节目。

2015年11月19日，四川省文化馆"天府群星快车，送文化下基层"在安顺场

【革命传统教育】　1981—2015年，安顺乡利用"三八"妇女节、"五四"青年节、"六一"儿童节、"七一"建党节、"八一"建军节等在妇女、儿童、青年、民兵、

党员中开展革命传统教育，开展在纪念碑前宣誓活动176次，宣誓人员1.4万人次，组织到纪念馆参观136次，参观人数8840人次，开展纪念红军长征强渡大渡河胜利庆祝活动34次，各种文艺表演66次，体育活动43次，书法美术创作比赛8次，书法美术展6次，各种知识竞赛20余次；聘请当年给红军过彝区做向导的红色毕摩沙马马黑给民兵、青年团员讲述红军过彝族地区的故事，聘请当年摆渡小船送红军强渡大渡河的老船工帅仕高等人给党员、团员、干部、学生讲述红军强渡大渡河的事迹14次，受教育人数达3.2万人次。安顺场先后获得四川省优秀青少年爱国主义教育基地、四川省"发扬传统、坚定信念、执法为民"主题教育实践活动基地、四川

为红军做向导的毕摩沙马马黑（中）给民兵、青年团员讲述红军过彝区的故事

省廉政教育基地、四川省中共党史教育基地、全国爱国主义教育基地等荣誉称号。

文物胜迹

【文物】　现存的文物有近代纪念翼王石达开的碑铭、安顺场场门修建碑记和松林地土都司关防。

碑铭：主要有张笃伦的《大渡河怀翼王石达开并序》、刘万抚的《太平天国翼王石达开殉难碑》、赖秉权的《太平天国翼王石达开紫打地蒙难纪实》三通原碑，现都存于中国工农红军强渡大渡河纪念馆翼王石达开兵败大渡河展厅；另有《安顺场场门修建碑记》。其中，《大渡河怀翼王石达开并序》高1.8米，宽1米，厚6厘米，用青石质材制作，建于1944年，碑铭内容由民国政府军事委员会委员长西昌行辕主任张笃伦所题；《太平天国翼王石达开殉难碑》高1.76米，宽0.96米，厚6.5厘米，用青石质材制作，建于1944年，碑铭内容由陆军第一百三十五师中将师长刘万抚所题；《太平天国翼王石达开紫打地蒙难纪实》高1.6米，宽1米，厚6厘米，建于1944年，碑铭内容由安顺地方绅士赖秉权所题；《安顺场场门修建碑记》高1米，宽1.5米，厚9厘米，由安顺

彝族乡人民政府于2003年1月1日立，用花岗石材制作。

松林地土都司关防：印为铜质，净重950克，通高11厘米，柱形纽（纽高9.6厘米，印高1.4厘米），长9厘米，宽6厘米。印面右刻"松林地土都司关防"8个朱篆字，分两行排列；左面刻对照满文两行。四周留有6厘米宽廊边，左侧款为"同治十三年八月日"，右侧款为"同治字一千三百号"，均为阴刻楷书。纽右有"松林地土都司关防，礼部造"两行阴刻楷书，纽左为对照的满文书写体两行阴刻。印现藏凉山彝族自治州奴隶社会博物馆。

【**遗址**】　主要有石达开安营扎寨之营盘山遗址和红军强渡大渡河遗址。

营盘山遗址：营盘山地处安顺集镇背面，是安顺场四岭屏中的西部屏。从山脚向上100米处即有一片平斜的半圆形地，南北宽900米，东西长1000米，面积90万平方米。1863年5月14日，太平天国翼王石达开率部抵达紫打地，遇松林河与大渡河水暴涨受阻，因此在此安营扎寨，滞留四十余日，故称营盘，因紧靠山腰，故称之为营盘山，后太平军被清军围剿，全军覆没。2006年，县人民政府将其设为县级文物保护单位。

红军强渡大渡河遗址：在县城西北11公里的安顺场。东西长600米，南北宽510米，面积30.6万平方米。1935年5月25日，中央红军第一方面军在安顺场胜利强渡大渡河。1982年，石棉县人民政府在安顺场渡口建花岗石雕纪念碑、文物陈列室，展出文物100余件。1980年，红军强渡大渡河遗址经省政府批准为省级文物保护单位。2002年，石棉县人民政府在安顺场渡口原文物陈列室处建中国工农红军强渡大渡河纪念馆，馆藏文物228件。遗址主要包括红军指挥楼、毛泽东旧居、机枪阵地、红军渡口、红军纪念碑、红军纪念馆。2006年，经国务院批准为全国重点文物保护单位，并先后被命名为四川省爱国主义教育基地、四川省民族团结进步教育基地、四川省中共兴华教育基地、全国百个中小学生爱国主义教育基地、全国爱国主义教育基地、全国人文科学普及基地等称号。2013年，创建国家4A级旅游景区。

文化活动

【**机构**】　文化机构主要有安顺彝族乡文化站和村农家书屋。

安顺彝族乡文化站："5·12"汶川地震灾后重建，占地面积803平方米，建筑面积504平方米。文化站由主体工程、内部装饰和附属设施组成，主体工程为川西仿古民居建筑，以木、石灰、青砖、青瓦为主。墙面为干打垒石墙和砖墙结合，屋顶用小青瓦铺盖，外部以木石装饰，内部皆为钢筋水泥构筑，设有办公室、数字电影放映厅、文化信息资源共享工程基层服务点、排练厅、书报刊四阅览室、文艺创作室、多功能活动室、农民工文化驿站、留守儿童（学生）之家，各科室布局合理、功能齐全。站内配备了电脑、电视、电影放映机、音响、鼓、锣、棋牌、图书等设施设备，藏书量达8.7万余册。配备站长1人（由专职文化专干）管理人员2人。乡文化站开展集中培训、现场指导和个别辅导等培训，培训文艺骨干70多人，建成村级文艺队伍9支，开展党员电教、农

安顺乡文化站

业实用技术、农民工就业业余等培训85期；定期定点下村开展义务文化服务26次；每年免费开放315天，共接待群众12.6万人次。先后获得省级示范乡镇综合文化站、全国优秀文化站等荣誉。

农家书屋：全乡有安顺村、小水村、松岗村、新场村、魁沙村、麂子坪村6个农家书屋，面积636平方米，藏书量达6.7万余册。

【文体活动】　　1983—2015年，组织群众参加县彝族达体舞比赛3次，县体彩杯迎春健身跑活动5次，县少数民族运动会、农民运动会10次，县"敲响奋进节拍展示中国风采"腰鼓比赛1次，县迎春晚会6次，纪念红军长征胜利80周年石棉民歌演唱大赛1次，美丽石棉——雅安市纪念红军长征胜利80周年暨"感恩奋进"摄影书画展览1次，弘扬长征精神庆国庆文艺演出1次，纪念建党95周年暨红军长征胜利80周年全国广

中国工农红军长征强渡大渡河胜利80周年暨第二届"体彩杯"自行车公路赛

场舞蹈"乡村行"1次，纪念红军长征胜利80周年书法比赛安顺场展1次；获得一等奖4次，三等奖1次。组织群众开展春节等重大节日文艺演出128场，迎春趣味运动会67场，庆"七一"文化活动50场，感恩奋进、团结拼搏百千赛万文化惠民等三下乡文化活动25场，敬老重阳节系列活动35场，具有民族特色的火把节活动15次，阳光石棉篝火文艺晚会25场；开展黄果柑文化节书画展、影视展、微视频摄影展64场；常态化开展广场健身舞和广场表演等文化活动1825次，参加人数4.24万人次；开展健身操、彝族舞蹈等业余文艺骨干培训排练1700余人次；举办纪念红军强渡大渡河"5·25"自行车公路赛3次；开展"重走长征路"爱国主义教育活动35次；配合开展夏令营活动25次；开展老年人片区运动会7次。

【文艺创作】 文艺创作作品主要有回忆录、小说、散文、诗歌、书法、美术、舞蹈、摄影、音乐、雕像等。内容以反映安顺山乡变化，歌颂红军强渡大渡河胜利为主。

回忆录：
有《强渡大渡河》（作者：杨得志）、《强渡大渡河的回忆》（作者：孙继先）、《向安顺场的英雄船工致敬——为纪念安顺场强渡大渡河纪念碑落成而作》（作者：萧华）等。

中国工农红军长征强渡大渡河胜利80周年暨第三届中小学生书法比赛

散文：有《紫打地——安顺场"翼王悲剧地，红军胜利场"》（作者：张弗尘）、《红军强渡大渡河老船工两次到红一师做客情况的回忆》（作者：赵珉）、《大渡河畔颂英雄——纪念"红一团"强渡大渡河胜利八十周年》（作者：杨建华）、《魂系大渡河——纪念红军长征强渡大渡河胜利八十周年》（作者：孙东宁）、《大渡河畔的光辉岁月——纪念中国工农红军长征强渡大渡河胜利80周年》（作者：鄢晓兰）等40篇。

小说：有《朱德过新场》《客从瑞金来》（作者：殷志学）等10多篇。

评论：有第二次在石棉召开的关于石达开的学术会议文章28篇。

诗词：有《大渡河，低低的诉说》（作者：龙小龙）、《大渡河畔忆当年》（作者：

李琳）、《乘风破浪名留史》（作者：杨喻荽）、《黄果煮酒品安顺》（作者：恨断山）、《古镇记忆》（作者：周万龙）、《爷爷奶奶战斗过的地方》（作者：岳秀红），《安顺场——时光的诗眼》（作者：赖杨刚）、《安顺浴血，英雄花开》（作者：高士杰）、《大渡河散章》（作者：刘阳河）等100多首。

书法： 开展中国工农红军长征强渡大渡河胜利80周年暨第三届中小学生书法比赛等书法比赛活动6次，有作品200多幅，评出一等奖12个、二等奖26个、三等奖50个，其中希望小学彭荟越、七一中学曾成等12人获得一等奖。

书法作品

美术： 有《飞盘越天堑》（国画，作者：罗维忠）、《红色记忆》（油画，作者：代胜美）、《红军在安顺场》（版画，作者：黄明进）、《彝海结盟》《擦罗开仓分粮食》《宣传组织群众》《海尔洼开市迎红军》（以上四幅都是国画，作者：罗维忠）、《强渡大渡河十七勇士图》（油画，作者：黄建文）、《十七勇士强渡大渡河》（油画，作者：潘行之）、《安顺印象》（作者：李小可）、《洗马姑红军保护文物》（水粉画，作者：吴志平）、《红一方面军在安顺场》（版画，作者：黄明进）、《朱德总司令在大渡河畔给船工们宣传红军渡河北上的革命意义》（油画，作者：陈昌明）、《鏖战》（油画，作者：佚

强渡大渡河十七勇士图（油画，作者：黄建文）

朱德总司令在大渡河畔给船工们宣传红军渡河北上的革命意义（油画，作者：陈昌明）

名）、《毛主席在安顺场》（油画，作者：黄建文）、《安顺场巧夺孤舟》（国画，作者：罗维忠）、《十七勇士强渡大渡河》（油画，作者：郭绍波）等50多幅。

红军在安顺场（版画，作者：黄明进）

摄影：有王泽清的《沙马马海为民兵讲述给红军带路的故事》《昔日紫打地今日安顺场》《红军渡》《安顺场老街》《情满安顺》《中国工农红军强渡大渡河遗址》《停泊在红军渡的船只》《大渡河畔安顺场》等，黄刚的《金色果园》《大渡河晨晖》，张杨的《时任全国政协副主席杨成武在安顺场》《杨成武为安顺场题词》，杨国强的《早期的安顺场》；李洪的《今日安顺场》等作品200多幅。

舞蹈：有《乘风破浪名留史》（作者：李盼，杨喻姣）、《红军渡》（作者：曹丽

舞蹈《乘风破浪名留史》（作者：李盼、杨喻姣）

舞蹈《红军渡》（作者：曹丽斯）

斯）等20多个。

雕塑：有叶宗陶的《长征组雕》部分作品、《中国工农红军强渡大渡河纪念碑》等作品。

叶宗陶参与《长征组雕》创作的部分作品

红军雕像（作者：叶宗陶）　　　　石达开雕像（作者：叶宗陶）

音乐：有张艺凡、赵大国创作的《观索玛红艳艳》等作品。

《观索玛红艳艳》（作者：张艺凡、赵大国）

旅游安顺

旅游景点

安顺场景区位于县城西北方，距县城10公里，是全国首批100个红色旅游精品景区和30条旅游精品线路之一，全国唯一"以悲衬喜"的国家级4A红色旅游景区。1863年5月，太平天国翼王石达开在此全军覆没，留下千古遗恨；1935年5月，中国工农红军在此胜利强渡天险大渡河，粉碎了蒋介石"让朱毛成为石达开第二"的迷梦，创造了世界战争史的奇迹，从此安顺场便以"翼王悲剧地，红军胜利场"蜚声中外。中华人民共和国成立后，安顺场一直是开展爱国主义教育的圣地。1980年被列为"四川省文物保护单位"，1996年被命名为"全国中小学生百个爱国主义教育基地"，2001年被命名为"全国爱国主义教育示范基地"，2002年被评为"四川省历史文化名镇"，2006年被列为"全国重点文物保护单位""四川省优秀青少年爱国主义教育基地"，2011年被列为"四川省廉政教育基地"，2012年被列为"四川省民族团结进步教育基地"。旅游景点主要有：红军渡、中国工农红军强渡大渡河纪念馆、中国工农红军强渡大渡河纪念碑、中国工农红军强渡大渡河指挥楼、机枪阵地遗址、毛泽东旧居、红军标语墙。

【红军渡】　"翼王悲剧地，红军胜利场"。安顺场地势险要，历来是兵家必争的战略要地，中国近代史上，这里曾发生了两起具有重要影响的历史事件：一是1863年5月，太平天国翼王石达开在此全军覆没；二是1935年5月，中国工农红军在此强渡天险大渡河取得成功，打破了蒋介石要朱、毛红军成为石达开第二的迷梦。1935年5月25日早上7点，中

红军渡

央红军先头部队第一师第一团开始强渡大渡河，刘伯承、聂荣臻亲临前沿阵地指挥。红一团第一营营长孙继先从第二连挑选17名勇士组成渡河突击队，连长熊尚林任队长，由帅仕高等8名当地船工摆渡。9时，强渡开始，岸上轻重武器同时开火，掩护突击队渡河，十七勇士不顾大渡河的惊涛骇浪，冒着枪林弹雨，在右岸火力掩护下冲过了敌人的重重火网，成功登上了对岸，后续部队及时渡河增援，一举击溃敌方守军，控制了渡河点。最终，红一军团第一师和干部团成功强渡了被国民党军视为不可逾越的天险大渡河，为全军打开了一条通向胜利的道路。如今的安顺场大渡河畔赫然伫立着庄严肃穆的红军渡纪念碑，碑上的"红军渡"这三个字便是从当年红一团团长杨得志1983年撰写的《强渡大渡河》中所提取的，刚劲鲜红的字体时刻提醒着世人牢记这场胜利的来之不易与工农红军勇士们英勇无畏的革命精神。2006年5月25日，此地被中华人民共和国国务院公布、四川省人民政府立为全国重点文物保护单位。

机枪阵地遗址

【机枪阵地遗址】 机枪阵地遗址位于中国工农红军强渡大渡河指挥楼前，原为敌军碉堡。红军强渡大渡河首先需要拿下安顺场，而碉堡就是一道难关。1935年5月24日深夜，工农红军抵达安顺场后，先遣部队趁天黑悄悄进入敌人的碉堡中，一枪未放。便俘虏了安顺场前哨守敌一个班，并且从俘虏的敌人口中了解到安顺场的情况以及敌军兵力分布，为红军强渡提供了重要情报信息。5月25日，红军强渡大渡河时，红军指挥部将此碉堡变成了机枪阵地，在该处架设了十几挺轻重机枪和两门"八二炮"，为红军渡河突击队成功渡河提供了充足的火力掩护，为红军最终胜利起到了重要作用。不幸的是，碉堡在1969年安顺场的一场大火中被烧毁，现在留下的是机枪阵地遗址，供后人瞻仰。

红军强渡大渡河指挥楼

【红军强渡大渡河指挥楼】 红军强渡大渡河指挥楼位于核心区老街商务中心前，占地面积50.35平方米，系晚清时期碉楼民居建筑，坐东北向西南，木骨石墙结构，单檐歇山式顶，盖小青瓦，二楼一底，斜式梁架。面阔7.35米，进深

6.85 米，高 9.38 米，墙厚 0.9 米。墙体用黄泥土作黏合剂，用当地石料砌成，内含木质墙筋。每层有瞭望孔，内设木楼板和木楼梯。虽历经风霜，仍巍然屹立。这里是国家重点文物保护单位。1935 年 5 月 25 日，中国工农红军强渡大渡河时，红军先遣军司令员刘伯承、政委聂荣臻在碉楼上亲自指挥红军强渡大渡河，为十七勇士渡河提供有力掩护，保证顺利夺取对面工事，控制渡口。当时为高杜、高坤、徐桂英夫妇家的碉楼。

红军强渡大渡河纪念碑

2006 年 5 月 25 日，此地被中华人民共和国国务院公布、四川省人民政府立为全国重点文物保护单位。

【红军强渡大渡河纪念碑】 纪念牌于 1983 年修建，碑高 6.26 米，宽 3.7 米，厚 3.2 米，坐西向东，分为碑台、碑座、碑体 3 个部分。碑台采用白色和红色花岗石地砖砌成，正面铺三级台阶。碑座高 0.5 米，为四方形。碑体正面右上方镶嵌着红军战士半身塑像，炯炯双眼凝视对岸，下部镌有十七勇士乘风破浪、飞舟挺进、直逼对岸的浮雕，象征着红军必胜的信心，背部镶嵌着 2.4 米宽、1 米高的黑色大理石，上面刻有邓小平题写的"中国工农红军强渡大渡河纪念碑"几个镏金大字。纪念碑建筑面积 306 平方米，用材取于本县丰乐乡优质红色白色花岗石，设计者是叶宗陶。2009 年，纪念碑获"新中国城市雕塑成就奖"。

【红军强渡大渡河纪念馆】 纪念馆于 2002 年动土修建，2004 年 5 月 25 日竣工，建筑面积 5327 平方米，采用仿古代唐式风格，对称布局的院落形式，分设展厅四个、报告厅一个、史料放映厅一个及贵宾接待室等。2009 年 1 月正式免费向国内外游客开放，馆名"中国工农红军强渡大渡河纪念馆"，由中共中央总书记、中央军委主席江泽民题写，馆内展陈以弘扬红军精神为主题，分为长征、大渡河战役、红军长征过雅安、翼王悲歌、历史评述等五个部分。馆藏 228 件，其中实物 73 件、图片类 155 幅，包括红军当年战斗时用过的枪、炮、大刀、旗帜、船只等各种实物和刘伯承、聂荣臻、陆定一、李一氓、杨得志、杨成武、孙继先、黄镇等无产阶级革命家的亲笔题词、信函原件以及大量珍贵的图片、资料等。馆内陈列有序、布局巧妙，真实再现了当年中国工农红军十七勇士强渡大渡河的伟大场面。

【毛泽东旧居】 毛泽东旧居位于老街中心，建筑面积 1220 平方米，紧靠赖家大院，房屋坐南朝北，典型的川西民居风貌。1935 年 5 月 26 日，毛泽东、周恩来、朱德

红军强渡大渡河纪念馆

等领导到达安顺场后便在这里召开会议，听取刘伯承、聂荣臻对安顺场战况的分析，研究红军的进军路线，作出兵分两路逆河而上夹击泸定桥的决定，让中央红军主力由泸定桥过大渡河，当晚毛泽东便在此居住。

【红军标语墙】 其位于红军指挥楼下面。1935年5月，中国工农红军占领安顺场后，在安顺场房屋墙面上刷写了大量宣传标语，至今保存完好。一面面让人震撼的标语墙，重现了当年红军战士积极向上的精神面貌。现留下来的标语主要有"不替军阀刘文辉打仗，大家当红军去""反对军阀刘文辉抽丁派兵""反对拉夫

红军标语墙

派马的中央军""消灭刘文辉、刘湘、杨森，创造川西北新苏区"等。

【赖家大院】 赖家大院位于老街中心，建筑面积1200平方米，房屋坐南朝北，典型的川西民居风貌。赖家大院是国民党川康绥靖公署顾问、民国时期西康名士赖执中

的旧居。清咸丰年间，赖执中祖上避祸至四川越西厅紫打地（今安顺场），以采矿办业，致富后开始营建房屋，其父赖进学为大渡河河道地区著名士绅、地方豪强，因参与镇压当地少数民族起事有功，被清廷赐予以"正五品奉政大夫"官衔。赖家自清末以来即拥有武装，把持地方团务，独据一方，拥有安顺场老街一半的房产。以前，赖家大院是一座典型的客家人居住的三合院，门楼上挂着房屋落成时政府赐予的金匾，进入大门在正房的厅堂摆放着一个雕花的神龛，上面供奉着赖氏祖宗的牌位。不幸的是，大院毁于1969年3月那场火灾。现在的赖家大院是根据史料记载，依当时的风貌在原址上重建的。

【黄果柑生态果园】　其位于景区入口至安顺场集镇大渡河边，占地403亩，种植优质黄果柑400多亩，修有观光路3.2公里，宽6.8米，为沥青路面，建路面护栏1600米。

【安宁湖】　新场村安宁湖位于县城西南方向，距县城17公里，平均海拔1450米。红军长征曾途经新场至安顺场。安宁湖属于高中山地段，是一个彝族、藏族的聚居点。此地依托红军文化、少数民族文化、生态文化，打造红军长征路上彝家新寨，展现出民族团结进步新风貌。近年来，特色农家乐和核桃产业发展欣欣向荣，走进位于新场村的新村聚居点，只见一栋栋农家小别墅的墙壁上都绘着充满彝族风情的图画，栩栩如生，房顶和瓦檐上也雕刻着别致的花纹，民族风味别具一格，让人忍不住

藏彝新寨安宁湖雪景

驻足合影留念。路网交错、绿树葱郁、瓜果飘香……安宁湖被进一步打造成"春观花、夏纳凉、秋尝果、冬赏雪"的长征之旅。

【松林水墨藏寨】 松林水墨寨距县城13公里，是安顺场国家AAAA级旅游景区的重要组成部分，为藏族土官王氏家庭官案所在地，也是第六代松林地千户王应元成功阻击太平天国翼王石达开之地。因剿办石达开有功，王应元被清政府特"奉旨赏给世职"，颁换"松林地土都司印信号纸"，子孙承袭。它宛如一卷清丽的水墨画，古朴而秀美；又如一首清新的小诗，深刻而隽永。藏寨典雅而富有特色，风光旖旎，民风淳朴，至今保留了很多遗址，如土司衙门、炮台、藏式白塔、藏式寨门等，文化底蕴深厚，旅游发展潜力无限。汶川"5·12"、石棉"6·18"地震后，重建后的松林水墨藏寨展现出一派生机盎然的乡村新貌。

旅游线路项目

【旅游线路】 安顺场有四条旅游线路，即爱国主义教育参观线路、农业观光游参观路线、古镇休闲体验参观路线、翼王文化体验参观路线等。

爱国主义教育参观线路：教育参观线路景区入口（观看景区全貌、安顺场石刻、直观了解红军渡河的全面情况）—红军遗址公园（参观红军机枪阵地遗址、红军渡口，爱国主义教育基地等）—红军纪念碑—红军强渡大渡河纪念馆（馆内参观，全面了解红军强渡大渡河历史及其他红军历史）—核心区老街（参观指挥楼、毛泽东旧居等）—安顺场古镇（参观川西民居风貌古镇、赖家大院等）—黄果柑生态园（全面了解黄果柑的生长过程，了解黄果柑花果同树的特性、食用价值等）—自行游览参观。

爱国主义线路

农业观光线路

农业观光游参观路线：景区入口（观看景区全貌、安顺场石刻，直观了解红军渡河的全面情况）—黄果柑生态园（全面了解黄果柑的生长过程，了解黄果柑花果同树的特性及食用价值等）—安顺场古镇（参观川西民居风貌古镇、赖家大院等）—核心区老街（参观指挥楼、毛泽东旧居等）—红军强渡大渡河纪念碑—红军强渡大渡河纪念馆（馆内参观，全面了解红军强渡大渡河历史及其他红军历史）—红军遗址公园（参观红军渡口、机枪阵地遗址、爱国主义教育基地）—自行游览参观。

翼王文化体验参观路线：景区入口（观看景区全貌、安顺场石刻，直观了解红军渡河的全面情况）—安顺场老牌坊（讲解翼王兵败安顺场的历史故事，眺望翼王曾经扎营的营盘山，追思这段悲壮的历史）—安顺场古镇（参观川西民居风貌古镇、赖家大院等）—核心区老街（参观红军指挥楼、毛泽东住所等）—红军强渡大渡河纪念碑—红军强渡大渡河纪念馆（馆内参观，全面了解红军强渡大渡河历史及其他红军历史）—红军遗址公园（参观红军机枪阵地遗址、红军渡口、爱国主义教育基地）—黄果柑生态果园（全面了解黄果柑的生长过程，了解黄果柑花果同树的特性及食用价值等）—自行游览参观。

古镇休闲体验参观路线：景区入口（观看景区全貌、安顺场石刻，直观了解红军渡河的全面情况）—安顺场古镇（参观川西民居风貌

古镇休闲体验线路

古镇、赖家大院等）—核心区老街（参观指挥楼、毛泽东旧居等）—红军强渡大渡河纪念碑—红军强渡大渡河纪念馆（馆内参观，全面了解红军强渡大渡河历史及其他红军历史）—红军遗址公园（参观红军机枪阵地遗址、红军渡口、爱国主义教育基地等）—黄果柑生态果园（全面了解黄果柑的生长过程，了解黄果柑花果同树的特征及食用价值等）—自行游览参观。

【**旅游项目**】　游览中国工农红军强渡大渡河指挥楼、毛泽东旧居、机枪阵地遗址、红军渡、红军强渡大渡河纪念碑等，参观中国工农红军胜利强渡大渡河纪念馆，听讲解员生动的讲解，接受爱国主义教育，穿红军军服、重走长征路，体验红军生活感受红军战士革命艰辛；品红军餐，体验爬雪山、翻越夹金山、穿越大草地、彝海结

盟、强渡大渡河、十送红军、飞夺泸定桥、三军会师等具有红军文化的特色菜品；参观黄果柑生态果园，漫步园间小道，享受花果同树奇观，每年3—5月还可亲自体验采摘乐趣；骑游安顺，倡导绿色、生态、环保的健康生活方式；探寻翼王石达开宝藏，捡大渡河奇石（大渡河奇石经大渡河水千百年不断锤炼而成，品类繁多、质地坚硬，形状和图案千奇百怪，可前往大渡河边选一两块称心如意的作为收藏和纪念）。

旅游产品

安顺乡养殖业主要以养殖草科鸡、生猪、羊为主。2015年，全乡草科鸡出栏2.68万只，存栏1.82万只；生猪出栏5200头，存栏5150头。种植业主要以种植黄果柑、枇杷、核桃、八月瓜、蔬菜为主。2015年，全乡种植黄果柑2000亩，其中示范片1000亩；种植枇杷1000亩，其中优质示范片300亩；种植核桃9000亩，其中优质示范片3000亩；种植八月瓜580亩。为推动和发展安顺乡的旅游发展，满足游客的购物需求，全乡利用丰富的农业资源开发出很多旅游系列产品，主要有草科鸡、安顺腊肉、黄果柑、枇杷、老鹰茶、核桃油、猕猴桃、八月瓜、大渡河奇石等，受到游客的青睐。

【草科鸡】 草科鸡是肉、蛋、药兼用型的四川省优良地方品种，因原产于石棉县草科藏族乡而得名，是石棉特有品种，有麻（黄）羽白皮系、乌骨黑羽和黑羽白皮三个品系，现已在全县各乡镇养殖。安顺乡每年养殖草科鸡4.5万只，是草科鸡养殖大乡。安顺草科鸡体形大，耐粗饲，野性强，善飞翔，山林地放牧，生存能力和采食幼嫩青绿饲草能力强，肉蛋营养丰富，肉质细嫩、味道鲜美，药用滋补。石棉草科鸡已被列入《中国禽类遗传资源》和《中国家禽地方品种资源图谱》，成为全市林下养鸡首选鸡种，"石棉草科鸡"品牌已获得四川省著名商标和国家绿色食品认证。1996年4月，经四川省畜禽品种鉴定委员会专家审定，草科鸡属四川大型肉蛋兼用山地乌骨鸡代表品群。1997年、1999年，省食品局、省科委先后两次立项支持草科鸡保种选育。2003年，草科鸡被省科委命名为全省在西部大开发中优先发展的7个地方"名、特、优、新"产品之一，评比排名第一位。同年"五一"黄金周，在雅安地区首届"名、

草科鸡

优、特、新"商品展销会上，草科鸡荣获"消费者最喜爱产品"称号。目前，草科鸡已打入我国香港地区市场，畅销不衰。据《石棉县志》记载，其食用方式有清炖、凉拌、红烧、腌熏烧烤等。

安顺腊肉

【安顺腊肉】　安顺腊肉选用上等未经污染的新鲜猪肉，经腌制后用石棉特有香叶熏制而成，储存在海拔较高的、湿度较大的麂子坪及高山村组。熏干后的腊肉，不仅皮色金黄有光泽，瘦肉红润，肥肉淡黄，而且有一股独特的木头香味。煮熟后切成片，可直接食用，也可与土豆片、竹笋、蒜苗等一起炒，还可与草科鸡肉同炖，味道甚是鲜美。

坛坛肉

【坛坛肉】　坛坛肉是安顺乡低海拔村组农户将年猪宰杀后，切成块，一般长3～4厘米，宽6～7厘米，带皮、入盐，放置一夜后洗净油炸至熟，再放入土坛中，冷却后密封存放而成。经长期的自然存放后，坛坛肉肥而不腻，味道鲜美，且存放愈久，香味愈浓，再配以高山野菜或干盐菜加土豆，更是香飘出户，令闻者生津，食者赞叹。

【黄果柑】　石棉县被誉为"中国黄果柑第一县"，其种植黄果柑历史逾300年，种植面积34万余亩，居全国首位。石棉黄果柑果皮光滑，呈圆形或椭圆形，果皮薄，果肉化渣、酸甜适度，无核，富含维生素A、C，并含钙、铁、磷等多种微量元素，具有极晚熟、花果同树的特点。2012年，石棉被确定为黄果柑国家农业标准化示范区，石棉黄果柑被评为四川省第十届名牌农产品，为国家地理标志登记保护农产品，远销省内外及俄罗斯。安顺乡是全县黄果柑种植大乡，安顺村种

黄果柑

枇杷

植约500亩黄果柑示范片，每年为黄果节游客提供采摘场地。

【枇杷】 石棉枇杷每年5—7月成熟，果实大，果皮呈橙黄色，果粉多，果绣少，皮薄，极易剥皮，果肉厚、汁多、细嫩、风味浓郁，可食率高，可溶性固形物含量大于等于12%，是枇杷中的上品，全县种植面积8万余亩。2011年8月，石棉枇杷获得农业部颁发的"农产品地理标志登记证"。2011年5月，全国园艺学会授予石棉县"世界枇杷栽培种源产地"和"中国晚熟优质枇杷生产基地"及"中国野生枇杷资源保护特别贡献奖"等称号，中国果通流通协会授予石棉枇杷"中华名果"称号。2012年，石棉枇杷被评为"四川省第十届名牌农产品"。石棉枇杷为国家地理标志登记保护农产品。安顺乡有枇杷种植示范片300亩，全乡种植枇杷1000亩。

【老鹰茶】 老鹰茶又名白茶，县内特产之一。安顺乡种植老鹰茶100亩，是全县老鹰茶种植面积大乡。老鹰茶是樟科类，属于乔绿木本植物。据考查，当地解放前老鹰茶就被美罗乡八谷山（今美罗山泉村）人最先发现采制饮用，以防暑热。每年清明前后，人们上山采摘嫩芽，仿绿茶制作而成。用开水冲泡此茶，汤红而亮，味甘而醇，男女老少皆宜。上市的老鹰茶惯称粗茶，价格一般比绿茶便宜。老鹰茶主要生长在石棉县海拔1500～3000米的高山地区，经人工移栽定植的毛豹皮樟树的鲜芽（叶）加工而成的生态茶叶处于野生、半野生状态，因适应于悬崖生长，只有老鹰可以采摘，故得名老鹰茶。老鹰茶是石棉县民间各民族长期饮用的一种植物代用茶，具有消食解胀、解毒消肿、提神益智、明目健胃、散瘀止痛等多种功效，是一种品质优良、没有副作用的保健饮品，有玉笋、凤舌、凤芽等7个优质产品系列。2000年"五一"黄金周期间，在雅安地区首届"名、特、优、新"商品展销会上，美罗乡推出的"美福牌老鹰茶"产品荣获"消费者最喜爱产品"称号。同年8月，石棉老鹰茶经农业部茶叶质量监督检验测试中心检测，被评

老鹰茶

为十分理想的饮料品。老鹰茶曾参加上海世博会上的茶博会、浙江义乌旅游商品博览会、雅安斗茶大赛等多次盛会，并多次获奖。2012年7月，国家质检总局2012第111号公告正式批准老鹰茶获得地理标志产品保护，赋予老鹰茶地理标志产品保护专用名（它也是石棉县首个国家地理标志保护产品），获得国家有机产品认证，被列为四川旅游商品。

核桃油

【核桃油】 石棉全县盛产核桃，尤以安顺、新棉镇、丰乐、挖角、草科、新民等地居多，全乡种植核桃8500亩，是全县核桃种植大乡。主要品种有石棉巨型核桃和石棉指核桃。2012年4月，石棉巨型核桃和石棉指核桃获省级林木良种认定，石棉县核桃良种基地被命名为省级第一批重点林木良种基地，石棉巨型核桃、石棉指核桃获国家工商行政总局商标局、地理标志证明商标商标注册证。核桃油用优质石棉核桃，采用国际领先的低温冷榨工艺精制而成，有效保证了有机原生态核桃油生物功能因子活性，其中饱和脂肪酸含量≥90%，亚酸油、亚麻酸含量≥68%，酸度≤0.6，其品质新鲜纯正，营养丰富，口感清淡，脂肪酸组态近似母乳，易被消化吸收，具有滋补脾胃、保肝明目、延年益寿、增强智力等功效，是儿童发育期、女性妊娠期及产后康复、脑力工作者和中老年人的高级保健食用油。

猕猴桃

【猕猴桃】 猕猴桃，也称狐狸桃、藤梨、阳桃、木子、毛棵、奇异果、麻藤果等，果形为椭圆状，外观呈绿褐色，表皮覆盖浓密绒毛，其内是呈亮绿色的果肉和一排黑色的种子，因猕猴喜食，故名猕猴桃，亦有说法是因为果皮覆毛，貌似猕猴而得名。这是一种品质鲜嫩、营养丰富、风味鲜美的水果。猕猴桃的质地柔软，口感酸甜，味道被描述为草莓、香蕉、菠萝三者的混合。猕猴桃除含有猕猴桃碱、蛋白水解酸、单宁果胶和糖类等有机物，钙、钾、硒、锌、锗等微量元素和人体所需17种氨基酸外，还含有丰富的维生素C、葡萄酸、果糖、柠檬酸、苹果酸、脂肪等元素。全乡种植猕猴桃800亩。

八月瓜

【八月瓜】 八月瓜又名八月炸，中药名为"预知子"，它是三叶木通的果实，野生果品，因八月果熟开裂而得名。三叶木通是传统的名贵中药材，其根、枝、叶均可入药，其茎皮灰褐色，常绿木质藤木，茎与枝有明显的线纹，掌状复叶3～9片，4—5月开花，花朵组成伞房花序式的总状花序；8—9月果子成熟，果实为不规则的长圆形或椭圆形，果形似香蕉，长15～20厘米，果径8～10厘米，成熟时灰白略带淡紫色。果肉营养丰富，香甜多汁，清润芬芳，如同蜂蜜。八月瓜含有多种可溶性还原糖、碳水化合物、微量元素，各种有机酸和维生素，还含有丰富的氨基酸，尤其是其含有的人体不能合成的8种必需氨基酸均高于梨、苹果、柿和猕猴桃，维生素C的含量高达9.3毫克/克，仅次于刺梨和猕猴桃。其果实可以直接鲜食，还可以加工成果汁、果冻、饮料等。此外，八月瓜与其他食材一起烹饪，也是一道独特的药膳。全乡种植八月瓜580亩。

【大渡河奇石】 大渡河发源于青海省玉树藏族自治州境内巴颜喀拉山南麓，向南入四川省，分别流经阿坝藏族羌族自治州、甘孜藏族自治州、雅安市、凉山彝族自治州、乐山市等地。大渡河奇石是在火山喷发构成的玄武石上镶嵌的一颗颗形如绿宝石的颗粒，多种颜色深浅不均的颗粒交融在一起，历经上万年时间

大渡河奇石

长距离的水冲沙磨，形成了形态万千的石花、石画。以"绿石美甲天下"而闻名的大渡河奇石主要产地为大渡河中游石棉县。该石主要以绿色、浅绿色、青绿色、草绿色、金黄色为主，质地坚硬、细腻而圆润光滑，流光溢彩，充满盎然生机，特别是上面缀满了大大小小珠圆玉润的颗粒，看上去宝韵十足。大渡河奇石之绿，是世界奇石

界公认的奇石四大颜色之一，它迎合了现代人崇尚自然的审美情趣，具有很高的收藏价值和观赏价值。

旅游服务

安顺场景区发展农家乐、小吃店35家，可同时容纳2000余人就餐；客栈60家，床位701张；土特产经营户5家，小吃烧烤店9家，便利店12家，茶楼15家，大渡河奇石馆4家；共设置旅游厕所4座，其中四星级旅游厕所1座，三星级旅游厕所2座；停车位420个，其中标准化停车位107个，临时停车位313个。

【民宿客栈】 安顺景区有民宿客栈60家，房屋433间，床位701张。客栈客房都有WiFi全面覆盖，有电视、电话、空调，24小时提供热水，每个房间均有独立卫生

间，提供免费停车，主要分布在南区、核心区。其中南区有刘家大院休闲庄（4个标间、2单间，床位10张）、宜安居客栈（5个标间、2单间，床位12张）、云祥客栈（2个标间、2单间，床位6张）、平安客栈（4个标间、1单间，床位9张）、红星旅馆（4个标间、1单间，床位9张）、顺兴客

红安客栈

栈（3个标间、1个三人间，床位7张）、古镇客栈（5单间，床位5张）、安乡客栈（2个标间、4单间，床位8张）、静心舍（5个标间、1单间，床位11张）、舒雅居（6个标间、2单间，床位14张）、安源客栈（5个标间、3单间，床位13张）、何家客栈（1个标间、3单间、1个三人间，床位8张）、有间客栈（3个标间、2单间，床位8张）、吉祥客栈（4个标间、1单间，床位9张）、欣亿客栈（5个标间、2单间，床位12张）、驿旅阳光（5个标间、1单间，床位11张）、馨鑫客栈（6个标间、3单间，床位15张）、彭家客栈（5个标间、1单间，床位11张）、乡村一组（2个标间、1单间，床位5张）、依家客栈（2个标间、3单间、1个三人间，床位10张）、红源客栈（4个标间、3单间、1个三人间，床位14张）。核心区有福顺餐馆（12个标间、3单间，床位27张）、老地方餐馆（3单间，床位3张）、来安客栈（4个标间、3单间，床位11张）、顺意客栈（5个标间、2单间，床位15张）、久安客栈（5个标间、5单间，床位10张）、何记

川豫（8个标间、2单间，床位18张）、雅和居（4个标间、2单间，床位10张）、天涯客栈（7个标间、2单间、1个三人间，床位19张）、张姐客栈（3个标间、3单间，床位9张）、苏家客栈（11个标间、2单间，床位24张）、渡口客栈（5个标间、1单间，床位11张）、馨缘客栈（3个标间、1单间，床位7张）、大渡河客栈（7个标间、2单间，床位16张）、祥和客栈（4个标间、5单间，床位13张）、顺鑫客栈（3个标间、4单间、1个四人间，床位14张）、左四组客栈（8个标间、2单间，床位18张）、红安客栈（12个标间、4单间，床位28张）、渡江客栈（4个标间、3单间，床位11张）、安渡客栈（3个标间、3单间，床位9张）、丁家客栈（2个标间、4单间、1个四人间，床位12张）、麦田客栈（9个标间、1个四人间，床位22张）、吉祥客栈（5个标间、3单间、1个四人间，床位17张）、旅安居（6个标间、3单间，床位15张）、钓鱼岛休闲庄（5个标间、3单间，床位13张）、顺安客栈（5个标间、3单间，床位13张）、幺哥客栈（4个标间、2单间，床位10张）、观渡客栈（4个标间、2单间，床位10张）、长顺客栈（4个标间、2单间，床位10张）、长顺客栈（4个标间、2单间，床位10张）、红顺客栈（5个标间、2单间，床位12张）、寻找人家（3个标间、2单间，床位8张）、顺利宁客栈（5个标间、3单间，床位13张）、雅鑫客栈（4个标间、4单间，床位12张）、顺心住宿（2个标间、5单间，床位9张）、长征客栈（5个标间、3单间，床位13张）、老街客栈（4个标间、3单间，床位11张）、安闲客栈（6个标间、2单间，床位14张）、寨子门客栈（5个标间、2单间，床位12张）、王二妹客栈（3个标间、3单间，床位9张）。二星级民宿接待点有红安客栈，一星级民宿接待点有天涯客栈等15户。

【餐馆饭店】　安顺景区有餐馆饭店19家，可接待147桌游客就餐，南区有刘家大院休闲庄（中餐、烧烤，20桌）、钓鱼岛休闲农家乐（中餐、烧烤，20桌）、左老四（烧烤，10桌）。核心区有赵四妹餐馆（中餐，10桌）、福顺餐馆（中餐，10桌）、卤菜川菜（中餐，6桌）、红缘坊家常菜（中餐、烧烤，4桌）、来安客栈（小吃，3桌）、雪花亿串串店（小吃，5桌）、老区土菜馆（中餐，7桌）、何记川豫（中餐、小吃，4桌）、天涯客栈（中餐，2桌）、胡记卤肉店（小吃，2桌）、大渡河客栈（中餐，3桌）、红安客栈（中餐，20桌）、黄家小吃（小吃，6桌）、

红渡园餐馆

红渡园饭店（中餐，10桌）、寨子门客栈（中餐，5桌）、翻身沟农家乐（中餐、烧烤）、幸福人家（中餐、烧烤）、姜家烧烤（中餐、烧烤）。

【旅游服务中心】 旅游服务中心处于安顺场景区的中心位置。主体建筑呈滇西居民风格，占地面积3500平方米，建筑面积4600平方米。主要有陈列室、展览室、放映厅（3D影院）、医务室、导游室（多语种）、游客休息室、贵宾室、投诉办公室等，配有自行车、轮椅、拐杖、童车、担架、电脑触摸屏、邮政信箱等设施，为游客提供综合性服务，是安顺旅游的一个形象窗口。

美　食

【凉菜】 安顺景区各餐馆的凉菜主要有拌草科鸡、手抓羊排、猪头肉、坨坨肉、山椒藕片、拌腊猪头、尖椒凉拌鸡、椒麻草科鸡、卤牛肉、口口相传（糖醋麻辣冲嘴）、乡村鸡片、开胃双豆、折耳根拌水盐菜、吃草根、烧拌茄子、虎皮椒等30多种。其中具有特色的有彝家坨坨肉、手抓羊排、山野腊拼、糖醋麻辣冲嘴等。

彝家坨坨肉：食材为香乳猪。文化特色：坨坨肉，以其味道独特而深得彝家人的推崇和周围兄弟民族的喜爱。但凡到彝家做客的，彝家人都用坨坨肉来招待，以表示对客人的尊敬。营养价值：香乳猪肥而不腻，纯正清香，含有人体所需氨基酸、富含铁、维生素 B1 和 B2，

坨坨肉

是人体所需维生素的主要膳食来源，其性平、味甘咸，能补虚、滋阴、养血、润燥，是一种营养丰富的彝族美食佳肴。这道菜曾获四川省第二届地方旅游特色菜大赛暨"华鼎杯"首届石棉县地方特色美食大赛凉菜荤菜类金奖。

手抓羊排：食材为土山羊。文化特色：在石棉吃手抓羊排的习俗盛行已久，其融合了多种民族民俗，相传有近千年的历史。其特点是肉味鲜美，不腻、不膻，色香俱全。营养价值：羊肉含丰富的维生

手抓羊排

干拌草科鸡

素B2、B6，铁、锌、硒，肉质细嫩，容易消化吸收，滋补性强，多吃羊肉有助于提高机体免疫力。

干拌草科鸡：食材为草科鸡。文化特色：草科鸡是肉、蛋、药兼用型的四川省优良地方品种，因原产于石棉县草科藏族乡而得名，是石棉县特有品种。其肉色泽红亮，口感麻辣、软糯、鲜香、回味绵长，是老百姓喜爱的美食之一。2004年，草科鸡被编入中国禽类遗传资源中的地方

家禽品种之列。营养价值：草科鸡属高蛋白、低脂肪食品，氨基酸含量丰富，滋补性强，鸡肉性平、温、味甘，可益气补精、添髓。

口口相传（糖醋麻辣冲嘴）：食材为猪头肉。文化特色：猪冲嘴又名猪嘴唇，将其拌成糖醋味，麻辣酸甜，爽口生津。"好吃嘴"吃"香辣嘴"，便口口相传。营

口口相传

养

开胃双豆

价值：猪头肉中含有优质的蛋白质和必需的脂肪酸，猪皮胶质有利于淡化色斑，令面部光泽照人。

开胃双豆：食材为花生、青豆。文化特色：选取石棉当地食材，绿色健康，"藏彝走廊，阳光石棉"属高山河谷地带，土质优良，适于种植花生、青豆，品质上乘。营养价值：花生含有维生素E和一定量的锌，能增强记忆，抗老化，延缓脑功能衰退，滋润皮肤；青豆富含不饱和脂肪酸和大豆磷脂，有保持血管弹性，健脑和防止脂肪肝形成的作用。

吃草根：食材为马马菜。文化特色：马马菜为根系植被，生长在海拔500～2000米左右阴暗潮湿的地方，为原生态食材。菜品采用红军长征时曾食用的野生马马菜为食材制作而成，口感独

吃草根

特，含丰富的维生素，具有清热、抗疲劳、醒目的功效。

双椒熊猫笋：食材为新鲜熊猫笋、野山椒、小米椒。文化特色：熊猫笋产于高海拔山区，纯天然、无污染、营养丰富，是大熊猫最喜爱的食物。营养价值：竹笋富含优质蛋白质及人体所需的8种氨基酸，具有清洁肠道、抗癌等作用。

双椒熊猫笋

烧拌茄子：食材为茄子。文化特色：烧茄子是一种最原始最简单的烹饪方法，在红军强渡大渡河时就有"红米饭、南瓜汤、秋茄子、吃得香"的说法，足见其味美。烧茄子具有独特的烟熏味和茄子的香味，再加上青红椒和青花椒的鲜香，是一道美味的开胃菜。营养价值：茄子含多种维生素、脂肪、蛋白质、糖及矿物质，是一种物美价

烧拌茄子

廉的佳蔬，特别是茄子富含维生素P，能增强人体细胞间的黏着力，改善微细血管脆性，防止小血管出血。

山椒藕片：食材为藕、野生椒。文化特色：藕"出淤泥而不染，濯清涟而不妖，中通外直，不蔓不枝"，自古深受人们的喜爱。在清咸丰年间，藕就被钦定为御膳贡品。营养价值：藕性寒，有清热凉血、健脾开胃、益血生肌、止血散瘀等作用。

山椒藕片

【热菜】　安顺景区各餐馆热菜主要有我爱我家（幸福烧鹅）、农家三宝、大渡河宝剑鱼汤、强渡大渡河、姜汁肘子、土豆烧排骨、腊肉蒸盐菜、青椒炒油底肉、土豆坛坛肉、长长久久（泡姜脆肠）、老腊肉煨草科鸡、风味土豆、香酥红腰豆彝家面饼、农家坛坛肉炒盐菜、清蒸宝剑鱼、香菇焖草科鸡等几十种。

我爱我家（幸福烧鹅）：食材为鹅、土耳瓜。文化特色：石棉养家鹅很多，但能吃的

我爱我家（幸福烧鹅）

很少，烧鹅已经成为农家重大节日和重要聚
会的压轴菜肴。带上鹅的谐音，故菜品取名
"我爱我家"。吃这道幸福烧鹅，会让人想到
举家团圆，感受到家的温馨。营养价值：鹅
肉富含蛋白质和人体生长发育所需的多种氨
基酸，脂肪含量低，脂肪的熔点亦低，质地
柔软，容易被人体消化吸收。

农家三宝

　　农家三宝：食材为草科鸡、腊肉、竹
笋。文化特色：草科鸡是肉、蛋、药兼用型
的四川省优良地方品种，因原产于石棉县草科藏族乡而得名，是石棉特有品种，其肉
泽红亮、口感麻辣、软糯、鲜香、回味绵长，是老百姓喜爱的美食之一，2004年被编
入中国禽类遗传资源中的"地方家禽品种"文列。草科腊肉选用上等猪肉，经腌制后
用当地特有的木材熏制而成，储存在海拔较高的地带，熏干后的腊肉，不仅皮色金黄
有光泽，瘦肉红润，肥肉淡黄，而且具有一股独特的木头香味。竹笋为多年生常绿草
本植物，生长于生态高海拔山区，食用部分为初生、嫩肥、短壮的芽或鞭。营养价
值：草科鸡属高蛋白、低脂肪食品，氨基酸
含量丰富，滋补性强，鸡肉性平、温、味
甘，可益气、补精、添髓。腊肉中磷、钾、
钠含量丰富，含有脂肪，蛋白质碳水化合物
等元素，具有开胃去寒、消食等功效。

　　清蒸宝剑鱼：食材为大渡河宝剑鱼。文
化特色：大渡河宝剑鱼味道鲜美，肉质坚
实，是大渡河土生土长的鱼类，具有鲜明的
地方特色和标志性。相传，1863年，太平

清蒸宝剑鱼

天国翼王石达开兵败安顺场，气愤之下将手中宝剑投入大渡河中，恰好插在一条鱼头
上，从此，大渡河鱼便因此得灵气而头
顶宝剑，因其悠久的历史文化、独特的
生理构造、绝美的鲜美口味而久负盛
名。营养价值：大渡河鱼含钙、钾、
镁、硒等微量元素，营养丰富，能补虚
劳羸瘦，健脾胃，止消渴。

　　腊肉蒸盐菜：食材为草科腊肉、盐
菜。文化特色：草科腊肉选用上等新鲜
生态猪肉，经腌制后用当地特有木材熏

腊肉蒸盐菜

制而成，储存在高海拔山区的草科乡，熏干后的腊肉不仅色泽金黄有光泽，瘦肉红润，肥肉淡黄，而且独具一股木质清香。营养价值：腊肉中磷、钾、钠含量丰富，含有脂肪蛋白质，碳水化合物等元素，具有开胃去寒、消食等功效。

青椒炒油底肉：食材为猪肉、青椒。文化特色：油底肉是在保留坛坛肉优点的

青椒炒油底肉

基础上改进制作而成，肥而不腻，入口香浓。营养价值：猪肉含有人体必需氨基酸，富含铁、维生素B1和B2，是人体所需维生素的主要膳食来源。其性平、味甘咸，能补虚、滋阴、养血、润燥。

土豆坛坛肉：食材为坛坛肉、土豆。文化特色：坛坛肉，俗称"油肉"，在石棉县制作和食用坛坛肉的历史非常久远，流传也比较广泛。在冬至前后，杀好"年猪"，将猪肉切块，然后在热油锅中过一道油，将过了油的肉块放在坛子里，待油稍微冷却后倒入坛内。因为猪油冷却后会凝固，可以达到保鲜锁味的功能，所以坛坛肉可以常年食用，是每家每户必备的美味佳肴。营养价值：坛坛肉属于纯天然、无公害、原生态的绿色食品，含有丰富的蛋白质和必要的脂肪酸，能提供血红素（有机铁），促进铁吸收的半脱氨酸，改善缺铁性贫血。

长长久久（泡姜脆肠）：食材为脆肠、

土豆坛坛肉

长长久久（泡姜脆肠）

泡姜。文化特色：酸辣的泡姜，脆嫩的小肠，有红有绿，味道值得久久回味，幸福的滋味长长久久。营养价值：小肠脂肪含量少，有降火、降血脂的功效，是一种简单美味的食品。

藤椒大渡河鲢鱼：食材为鲢鱼。文化特色：精选石棉大渡河野生鲢鱼和上等的

藤椒大渡河鲢鱼

本地鲜椒、花椒制作而成，菜品鲜香美味。营养价值：鲢鱼提供人体胶质蛋白，是女性滋养肌肤的理想食品，具有补气、暖胃的养生功效。

农家酸汤肘子

农家酸汤肘子：食材为土猪前肘。文化特色：农家酸汤肘子俗称"舅子菜"，是各种盛宴尤其是婚宴的必需主菜。汉族有"无猪不成家，无肘不成席"之说，在婚宴上，酸汤肘子是用来测试新娘兄弟对婚宴满意与否的晴雨表。全肘上桌需要摆放片刻，若新娘兄弟动它一下，即表示对婚宴不满，需要新上肘子，直到舅子们不动它方开席，可见其重要性。酸汤全肘以2斤3两为选肘标准，取有爱有升之意，配以酸味，历9小时经9道之序而成。营养价值：菜品经过几道工序秘制而成，软糯、肥而不腻，老少皆宜，营养价值高。

藏家三下乡

藏家三下乡：食材为老腊肉、草科鸡、干酸菜。文化特色：草科腊肉选用上等新鲜生态猪肉，经腌制后用当地特有木材熏制而成，储存在高海拔山区的草科乡，熏干后的腊肉不仅色泽金黄有光泽、瘦肉红润、肥肉淡黄，而且独具一股木质清香。草科鸡是肉、蛋、药兼用型的四川优良地方品种，因产于石棉县草科乡而得名，是石棉特有品种，其肉色泽红亮、口感麻辣、软糯、鲜香，回味绵长，是老百姓喜爱的美食之一。2004年，草科鸡被编入中国禽类遗传资源中的"地方家禽品种"之列；干酸菜带有酸香之味。营养价值：具有开胃去寒、消食、补气精添髓之功效。

茶香大渡河鱼：食材为老鹰茶、大渡河宝剑鱼。文化特色：大渡河鱼味道鲜美、肉质紧实，具有鲜明的地方特色和标志性。相传，1863年太平天国翼王石达开兵败安顺场，气愤之余将手中宝剑投入大渡河中，恰好插在了一条鱼头上，从此大渡河鱼便因此得灵气而头顶宝剑。老鹰茶是樟科类，又名白茶，县内特产之一，属于常绿木本植物，汤红

茶香大渡河鱼

萝卜炖腊蹄花

而亮、味甘而醇，因其悠久的历史文化、独特的生理构造、鲜美的口味而久负盛名。营养价值：大渡河鱼含钙、磷、钾、镁、硒等微量元素，营养丰富，能补虚劳羸瘦；老鹰茶可消食解胀、解毒、消肿、提神益智，健脾胃，止消渴。

萝卜皮炖腊蹄花：食材为腊蹄花、干萝卜皮。文化特色：采用农家腊猪蹄、晒干后的萝卜皮制成，是石

棉本土地道农家菜，老少皆宜，营养价值丰富。萝卜，味微辣，脆嫩，汁多，由于有较高的营养价值，民间有萝卜是"小人参"的说法。

蒸甜烧白：食材为五花肉、糯米、红豆沙。文化特色：蒸甜烧白是地地道道的传统菜，老少皆宜。制作此菜时，将二肥八瘦猪肉洗净入锅蒸，起锅走油，冷后切片，成不断刀两片，将洗沙点入肉中，糯米煮熟后用红糖炒匀，夹好的肉盛碗底摆帽子形状，加入炒好的糯米，入笼蒸熟，然后扣转，撒上白糖即成。营养价值：猪肉含蛋白质、钙、铁等，糯米含蛋白质、矿物质，二菜合烹，营养全面，有滋阴润肺的功能。

金元宵（风味土豆）：食材为土豆。文化特色："金元宵"土豆因被厨师加工成"金蛋"形成元宵而得名，寓意举家团圆，也比喻

蒸甜烧白

金元宵（风味土豆）

农家子弟通过努力取得辉煌业绩。营养价值：土豆所含蛋白质比大豆高，最接近动物蛋白，含有多种维生素和无机盐，对调节消化不良有特效，是胃病和心脏病患者的良药及优质保健品。

书香门庭（香酥红腰豆）：食材为红

书香门庭（香酥红腰豆）

腰豆。文化特色：红腰豆原产于南美洲，是乾豆中营养最丰富的一种。营养价值：红腰豆含有丰富的维生素A、B、C及E，也含丰富的铁质和钾等矿物质，有补血、增强免疫力、帮助细胞修补和防衰老等功效。

豇豆茄子煲：食材为豇豆、茄子。文化特色：豇豆茄子煲是一款新推佳肴，主要取材于石棉时蔬豇豆和茄子，豇豆茄子堡是石棉本地家常菜，深受人们喜欢。营养价值：豇豆含有维生素，纤维素及矿物质，茄子有解毒、祛斑的作用，二菜合烹，有养胃、助消化、祛斑的功效。

农家炖牛肉：食材为牛肉、萝卜干。文化特色：此菜选用石棉上等牦牛肉、萝卜干

豇豆茄子煲

农家炖牛肉

制作而成，纯天然无污染，色泽红润、软糯香嫩、味道鲜美。营养价值：含丰富的蛋白质、矿物质和纤维素群，是人体每天所需铁质的最佳来源。

彝家荞面饼：食材为生态荞麦。文化特色：荞面饼是第一次国内革命战争时期，中国共产党领导下的中国工农红军在艰苦条件下常吃的各种主食之一，流传至今，已成为石棉特色小吃之一。营养价值：荞面是粗粮的一种，有助于消化道的吸收，对肠胃有清理作用，对心脑血管具有良好的保护作用，也可降低血脂和血清胆固醇，是糖尿病患者的首选食品。

彝家荞面饼

糯米饭：食材为糯米、豌豆、猪肉。文化特色：用腊肉、豌豆、糯米闷制而成。软软糯糯的饭粒，香喷喷的腊味，是绝佳的组合。营养价值：糯米营养丰富，易消化吸收，有益滋补，补养胃气，适宜

糯米饭

患多汗、血虚、脾虚、体虚、神经衰弱等症状食用。

烤土豆：食材为土豆。文化特色：石棉昼夜温差大，光照充足，空气清新，雨水充沛，其气候温凉的优良条件，造就了土豆独特的地域风味，烤土豆为石棉农家最常见、制作最便捷的一道美食。营养价值：土豆含有丰富的蛋

烤土豆

玉米馍

白质、维生素C、钙、磷、镁、钾等营养元素，有预防便秘的作用。

玉米馍：食材为玉米。文化特色：玉米过去为主食之一，随着经济的发展、物资的丰富，逐渐成为餐桌上具有地方特色的一道小吃。营养价值：玉米是当之无愧的第一黄金主食，含丰富的谷氨酸、维生素B、维生素E、亚油酸、钙质，能促进

大脑发育，帮助调脂、降压，具有抗衰老、软化血管的功能。

小青椒炒臭豆腐：食材为臭豆腐、小青椒。文化特色：臭豆腐是一种古老而传统的菜品，采用石棉优质的黄豆制作而成，具有闻起来臭、吃起来香、麻辣爽口、外酥里嫩的特点，能增加食欲。营养

小青椒炒臭豆腐

价值：含有植物性乳酸菌，具有很好的调节肠道、保健的功效。

年年有余（大渡河花鲢）：食材为花鲢。文化特色：鲢鱼寓意年年有余，无论佳节团聚，还是日常饮食，用这道菜祝福顾客年年有余，是最好不过的。营养价值：大渡河花鲢鱼含有丰富的胶质蛋白，肉质滑嫩，味道鲜美，有温中补气、暖胃等作用，特别

年年有余（大渡河花鲢）

亲如手足

适合脾胃虚寒、皮肤干燥的人，此菜还获得了四川省第二届地方旅游特色菜大赛暨"华鼎杯"首届石棉县地方特色美食大赛热菜荤菜类银奖。

亲如手足（腊猪蹄煮青菜）：食材为猪蹄、青菜。文化特色：腊猪蹄煮青菜，不肥不腻，咬着有嚼劲，品着有滋味。取手脚和青菜之意，谐音"亲如手足"，让人倍感亲切。营养价值：猪蹄含有丰富的胶原蛋白质，被称为美容食品。青菜含有膳食纤维、维生素C、胡萝卜素，有降血脂、增强机体免疫能力、美容美颜的功效。此菜获得了四川省第二届地方旅游特色菜大赛暨"华鼎杯"首届石棉县地方特色美食大赛热菜荤菜类铜奖。

豆渣菜：食材为青豆（黄豆）、嫩南瓜（白菜）。文化特色：豆渣菜又名连渣菜，是石棉县地方特色菜品之一，该菜品历史悠久，是"奶奶辈"的拿手好菜。据说，那些年生活艰苦，人们多以素食为主，因为样式单一，聪明的石棉人就将青豆（或黄豆）"发"水，然后用石碾碾碎煮汤。营养价值：青豆（黄豆）富含不饱和脂肪酸和大豆磷脂，有保持血管弹性、健脑和防止脂肪形成的作用。

豆渣菜

砂锅豆腐

砂锅豆腐：食材为豆腐、丸子、肚、舌、心、金钩、干黄花。文化特色：砂锅起源于远古时代，人们用它煮粥、炖肉能保持食材的本味不变，而且香味浓郁。随着时代的变迁，人们对于烹饪研究也越加重视，砂锅豆腐也由此演变而来。营养价值：豆腐含蛋白质、膳食纤维；莴笋含维生素，其味甘淡清香，能利水；黄花清热解毒；金钩含蛋白质、钙、铁、磷、烟酸；

肚、舌、心营养丰富，食之润肠胃、生津液、丰肌体、泽皮肤。此菜采用多食材同煮，具有滋补养颜保健的功效。

大渡河鱼羊鲜

　　大渡河鱼羊鲜：食材为大渡河宝剑鱼、鲜羊肉。文化特色：味道鲜美、肉质紧实，具有鲜明的地方特色和标志性。相传，1863年太平天国翼王石达开兵败安顺场，气愤之余将手中宝剑投入大渡河中，恰好插在了一条鱼头上，从此大渡河鱼便因此得灵气而头顶宝剑。营养价值：大渡河宝剑鱼含钙、磷、钾、镁、硒等微量元素，营养丰富，能补虚劳羸瘦，健脾胃，止消渴。羊肉营养价值，有提高免疫力的作用，二者同煮可以去掉羊肉的燥性，不上火。

　　石棉水耙子：食材为鲜玉米。文化特色：水耙子俗名苞谷粑，是由新鲜玉米为原料制成，在川渝地区颇为流行，是石棉特色小吃之一。石棉水耙子传承传统制作工艺，清香甘甜，令人不禁回忆起幸福的童年时光。营养价值：玉米是当之无愧的"第一黄金主食"，含丰富的谷氨酸、维生素B族、维生素E、亚油酸、钙质，能提供大脑发育所需营养，帮助调脂、降压，具有抗衰老、软化血管的功能。

石棉水耙子

　　【烧烤】　　石棉烧烤为全国烧烤10强冠军，被称为"中国第一烧"。安顺各餐馆都有串串烧烤、铁板烧、烤全鸡、烤全羊等，种类繁多，味道独特，其中以铁板烧、"锅盖"烧烤、姜家烤鸡较为独特。

　　铁板烧：其用一块薄薄的长方形铁板架在烧红的木炭上，待火候

铁板烧

到时，先用卷成团的蔬菜把铁板擦拭干净，随即传来一阵"吱吱"声，再迅速刷上油，将薄薄的腰片、鱼片等用筷子夹住在铁板上烤，香味便弥漫开来。有时候一盘下去，随着油烟的升起，便立即腾起一股红色火苗，很是壮观。石棉烧烤火力均匀，味道鲜美。

锅盖烧：锅盖烧是石棉烧烤的一大特色，用一铁锅，铁锅中间有一圆洞，外圈是一圈浅槽，用来盛油，先把肉和菜放在外围的油里泡泡，然后放在铁锅上烤，烤到吱吱作响，根据自己的口味调配盐、辣椒即可。

串串烧烤

串串烧烤：红彤彤的火苗燃烧着炭块滋滋上蹿，各色菜品用签串着，赤膊的老板一手掌握着油盐辣椒，一手将菜在烤架上恣意地来回翻滚，男士们赤着膀子，喝着冰冻啤酒，划着拳，撸着串儿，女士们一边摇着扇聊天一边享受这脍炙人口的八珍玉食，缕缕青烟随风飘散，传来了鸡豚酒肉的香味。

十送红军

【红军餐】　红军餐主要以红军文化元素为基础，根据石棉当地的食材设计而成。主要菜品种类有十送红军、彝海结盟、强渡大渡河、飞夺泸定桥、翻越夹金山、穿越大草地、三军会师、红米饭、南瓜汤等，形式有红军文化餐一、红军文化餐二、红军体验餐等。

十送红军：食材为安顺场绿色红薯、紫薯、土豆、玉米、芋头、花生、鸡蛋等。文化特色：取自《十送红军》歌曲，江西革命根据地战斗非常频繁，每当红军上前线，各村的老百姓便到村头、大道、河边送别红军。他们边唱边送，其中流传着一首送别红军的民歌，曲调口语化，艺术地再现了革命根据地的历史画面。

现摘录民歌歌词如下：

一送（里格）红军，（介支个）下了山，秋风（里格）细雨，（介支个）缠绵绵，山上（里格）野鹿，声声哀号叫，树树（里格）梧，叶呀叶落光，问一声亲人，红军啊，几时（里格）人马，（介支个）再回山。

三送（里格）红军，（介支个）到拿山，山上（里格）苞谷，（介支个）金灿灿，苞谷种子（介支个）红军种。苞谷棒棒，咱们穷人搬。紧紧拉住红军的手，红军啊，撒下的种子（介支个）红了天，紧紧拉住红军的手，红军啊，撒下的种子（介支个）红了天。

五送（里格）红军，（介支个）过了坡，鸿雁（里格）阵阵，（介支个）空中过，鸿雁（里格）能够，捎来书信，鸿雁（里格）飞到，天涯与海角，千言万语嘱咐，红军啊，捎书（里格）多把，（介支个）革命说。

七送（里格）红军，（介支个）五斗江，江上（里格）船儿，（介支个）穿梭忙，千军万马（介支个）江畔站，四方百姓泪汪汪，深情似海不能忘，红军啊，革命成功，（介支个）早回乡，深情似海不能忘，红军啊，革命成功，（介支个）早回乡。

九送红军，上大道，锣儿无声鼓不敲，鼓不敲，双双（里格）拉着长茧的手，心像（里格）黄连，脸在笑，血肉之情怎能忘，红军啊，盼望（里格）早日（介支个）传捷报。

十送（里格）红军，（介支个）望月亭，望月（里格）亭上，（介支个）搭高台。台高（里格）十丈，白玉柱，雕龙（里格）画凤，放呀放光彩，朝也盼来晚也想，红军啊，这台（里格）名叫（介支个）望红台。

营养价值：十送红军的食材主要由粗粮组成，包括谷物类、杂豆类和块茎类。粗粮含有丰富的不可溶性纤维素，有利于保障消化系统正常运转。它与可溶性纤维协同工作，可降低血液中低密度胆固醇和甘油三酯的浓度，增加食物在胃里的停留时间，延迟饭后葡萄糖吸收的速度，降低高血压、糖料病、肥胖症和心脑血管疾病的风险。

彝海结盟

彝海结盟：食材为彝族坨坨肉、石棉草科鸡。文化特色："彝海结盟"是中国共产党的民族政策在实践中的第一次体现和重大胜利，体现了少数民族对红军的爱戴和军民团结，给奇迹般的万里长征增添了最光彩的一笔。在彝海，红军建立了第一只少数民族地方红色武装——中国夷民红军沽基（果基）支队。彝海结盟保证了中国工农红军顺利通过凉山，在当时极端困难的情况下，为红军主力保存了宝贵的有生力量。在凉山，有很多彝族青年参加了红军，凉山和凉山的少数民族为中国革命的胜利作出了巨大的贡献。在通过彝区的过程中，中国工农红军提出了"中国工农红军，解放弱小民族；一切夷汉平民，都是兄弟骨肉""设立夷人政府，彝族管理彝族"等主张，为革命胜利后制定民族政策和民族区域自治制度打下了坚实的基础。营养价值：坨坨肉是小凉山彝族人民爱吃的肉食，在制作上，不论猪、羊、牛，宰杀后均连骨带肉切成如拳头大小的块，用清水煮至八成熟便捞入簸箕内，撒上盐巴来回簸荡，使盐渗入即可

食用，这样能保持鲜肉本身的天然绿色成分。其肥而不腻、纯正清香，是一道营养丰富的彝族美食佳肴。石棉县草科鸡是肉、蛋、药兼用型的四川省优良地方品种，因原产于石棉县草科藏族乡而得名。草科鸡属高蛋白、低脂肪食品，氨基酸含量丰富，滋补性强。与市场销售的普通肉鸡相比，其脂肪低5%、蛋白质高28%、赖氨酸高11.7%、蛋氨酸高9.6%。

强渡大渡河

强渡大渡河：食材为大渡河宝剑鱼。文化特色：1935年5月24日晚，中央红军先头部队第一师第一团，经80多公里的急行军赶到大渡河的安顺场，并派一个营筑堡防守。5月25日，红一团开始强渡大渡河，刘伯承、聂荣臻亲临前沿阵地指挥。强渡大渡河的目的是为全军打开一条通向胜利的道路。红一团第一营营长孙继先从第二连挑选17名勇士组成渡河突击队，连长熊尚林任队长，由帅仕高等8名当地船工摆渡。7时，强渡开始，岸上轻重武器同时开火，掩护突击队渡河。神炮手赵章成两发迫击炮弹命中对岸碉堡。17名勇士冒着川军密集的枪弹和炮火，在激流中前进。17名勇士战胜了惊涛骇浪，冲过了敌人的重重火网，终于登上了对岸，击退了川军的反扑，控制了渡口，后续部队及时渡河增援，一举击溃川军一个营，巩固了渡河点，随后红一团第一师和干部团渡过了被国民党军视为不可逾越的天险大渡河。红军强渡大渡河的故事流传至今，现在在安顺场红军纪念馆里还有很多史籍资料，在安顺场还有很多红军遗址供人参观，缅怀红军精神。营养价值：大渡河宝剑鱼含钙、磷、钾、镁、硒等微

量元素、营养丰富，能补虚劳羸瘦、健脾胃、止消渴。

飞夺泸定桥：食材为猪大排。文化特色：飞夺泸定桥是红军长征中一场重要战役，发生于1935年5月29日。5月25日，中央红军部分在安顺强渡大渡河成功，沿大渡河右岸北上，主力由安顺场沿大渡河左岸北上，红四团官兵在天下大雨的情况下，在崎岖陡峭的山路上跑步前进，一

飞夺泸定桥

昼夜奔袭竟达120公里，终于在5月29日凌晨6时许按时到达泸定桥西岸，创造了人类行军史上的奇迹。第二连连长廖大珠等22名突击人员沿着枪林弹雨和火墙密布的铁索夺下桥头，并与右岸部队合围占领了泸定桥。中央红军主力随后从泸定桥上越过天险，粉碎了蒋介石歼灭红军于大渡河以南的企图。营养价值：此道菜选用安顺场生态

猪排制作而成，肉质优良，比一般的猪肉更香、更好吃。

爬雪山：食材为豆腐、豆渣、酸菜。**翻越夹金山**：食材为凉粉、茄子。**冰天雪地**：食材为石磨豆花。文化特色：1935年5月25日，中国工农红军第一方面军在安顺场胜利强渡大渡河。6月9日晚，红军先头部队占领宝兴县灵关场，9日顺利过宝兴县城，由陈光率领，担任先遣队的红二师四团开始向长征途中的第一座大雪山——夹金山进军。夹金山是邛崃山脉南部的高山，海拔4000多米，山上云雾缭绕，白雪皑皑，积雪稀薄，让人呼吸困难。许多战士冻得嘴唇发白，牙齿咯咯地响，战士们爬上山顶已是中午，他们用镐刨开雪路，后续部队沿着他们的脚印前进，草鞋渐渐地裹满了冰雪，脚冻得失去知觉。山上狂

冰天雪地

爬雪山

翻越夹金山

风四起，雪花随风扑面而来，像刀割一样拍打着战士们仅用单衣遮着的躯体，年轻的战士扶着老的，身强的扶着体弱的，男的拉着女的，小战士拉着马尾巴。对红军中的大多数战士来讲，爬雪山是长征中最艰苦的经历。营养价值：豆花、豆腐，主要由黄豆做成。黄豆宽中益气，调和脾胃，消除胀满，通大肠浊气，清热散血。经研究证明，大豆中有一部分营养成分残留在豆渣中，一般豆渣含水分85%，蛋白质3%，脂肪0.5%，碳水化合物、纤维素、多糖等8.0%，此外，还有钙磷、铁等矿物质。中医学认为，茄子属于寒凉性质的食物，所以夏天食用有助于清热解暑，茄子皮里含有B族维生素，B族维生素可帮助维生素C的代谢。

过草地：食材为豆腐、葱丝。文化特色：1935年8月21日，红军开始过草地。行军队列分左右两路，平行前进。右路军由毛泽东、周恩来、徐向前等率领，自四川毛儿盖出发，进入草地。经过7天的艰苦努力，右路军到达草地尽头的班佑地区。在红军长征期间，为了节约粮食，女红军百般节省，上山挖野菜充饥。负责收容中央红军伤员和病号的女红军们在过草地的几天里，一个个面如菜色，瘦弱得让人心疼，然而看到伤员和病员们走出了草地，她们的脸上都洋溢灿烂的笑

过草地

容。过草地的菜品设计，就是让大家缅怀红军长征中可歌可泣的动人故事。营养价值：豆腐主要是用黄豆做成的。黄豆宽中益气，调和脾胃，消除胀满，通大肠浊气，清热散血。

穿越大草地：食材为时令野菜、核桃花。营养价值：核桃花即核桃花柱，又称核桃纽、长寿菜、花须菜，含有丰富的磷脂，有益于增强人体细胞活力，

穿越大草地

促进人体造血功能，能有效降低血脂、胆固醇，预防动脉硬化。野菜，也就是非人工种植的可以食用的植物，靠风力、动物等传播种子自然生长，是大自然的宝藏之一。野菜一般有着纯净的品质，是大自然的美妙馈赠，也是人与自然相生相伴的见证。野菜无污染，营养丰富、清新可口，是绝佳的食材之一，很多野菜都具有药用价值。

三军会师：三军会师（荤）的食材为草科鸡、生态腊肉、酸菜。三军会师（素）的食材为南瓜、玉米、四季豆。文化特色：1936 年 7 月，红二、四方面军广大指战员在同张国焘分裂党和红军的错误不断斗争的同时，强烈要求北上与党中央会合，张国焘在分裂活动不得人心的情况下，被迫取消其非法另立的"中央"，并同意北上，红二、四方面军遂开始共同北上。两部在过

三军会师（荤）

草地后，先后发起岷（州）洮（州）战役和成（县）徽县两（当）康（县）战役，控制了甘南广大地区，形成了与党中央和红一方面军会师的有利态势。10 月的西北正是秋高气爽之时，在这个宜人的季节里，古老的会宁城披上节日的盛装，五颜六色的标语贴满了大街小巷，鲜艳的红旗在城头迎风飘扬。城内路上，为会师搭起的彩门格外引人注目。红一、四方面军终于在会宁会师了，整个会宁城沸腾了，处处欢歌笑语，喜气洋洋。正在北进途中的红二方面军指战员闻知红一、四方面军会师的消息，心情分外激动，他们不由自主地加快了行军的速度。10 月下旬，红一、二方面军又在将台堡会师，在规模盛大的联欢会上，欢乐的气氛再一次弥漫在红军指战员的心头。红军三大主力会师，标志着中国工农红军胜利完成了从 1934 年秋开始的战略大转移的历史任务，宣告了国民党反动派围追堵截聚歼红军阴谋的破产，证明了任何雪山草地般的自然险阻都无法阻挡红军北上抗日的步伐，并为后人留下了取之不尽的思想财富——长征精神。营养价值：石棉县草科鸡是肉、蛋、药兼用型的四川省优良地方品种，因原产于石棉县

三军会师（素）

草科藏族乡而得名。草科鸡属高蛋白、低脂肪食品，氨基酸含量丰富，滋补性强，与市场销售的普通肉鸡相比，其蛋白质高2.8%，脂肪低5%，赖氨酸高11.7%，蛋氨酸高9.6%。安顺老腊肉，选用农家土猪肉，结合当地独家特色的熏制工艺，采用绿色材料纯手工精制而成，其味道、营养比普通老腊肉更胜一筹。

红米饭、玉米饭：食材为玉米面、红豆面。文化特色：中国共产党领导下的中国工农红军在革命战争时期，生活物资匮乏，饮食条件艰苦，一度以红米、玉米为主要食物，坚持开展红色根据地建设，取得了反围剿斗争的胜利。长征时期曾发生一个又一个动人的故事，比如《一袋干粮》，它讲述了一个13岁的小红军小兰在随部队一起前进的时候，好不容易得到了一袋干粮，却在过一座桥时为照顾一位伤员不慎把自己的那袋干粮掉入河中冲走了。她为了大家有足够的干粮吃，坚持没告诉他们。为了装成没事发生一样，她拔了许多野菜塞入挎包，塞得鼓鼓的。不久她的身体就不行了，在护士长发现她吃野菜和挎包中"干粮"的事后，大家才知道事情的真相，于是每人分了一点干粮给她，让她体会到了家的温

红米饭

玉米饭

暖。红军餐后来成为一种乐观主义精神和艰苦奋斗传统的象征。营养价值：红豆富含维生素B1、B2、蛋白质及多种矿物质，有补血、利尿、消肿、促进心脏活化等功效；玉米富含维生素C等，有长寿、美容、明目、预防高血压和冠心病等作用。

青豆南瓜汤、南瓜汤：青豆南瓜汤的食材为青豆、嫩南瓜；南瓜汤食材为老南瓜。文化特色：在井冈山曾

南瓜汤

诞生过一首红军饭之歌："红米饭，南瓜汤，秋茄子，味好香，餐餐吃得精打光。干稻草，软又黄，金丝被儿盖身上，不怕北风和大雪，暖暖和和入梦乡。"这段歌谣充满了红军的革命乐观精神，又反映出了红军的艰苦奋斗精神，正是因为这两种精神，井冈山军民才不为任何艰难困苦所吓倒。营养价值：南瓜是营养极为丰富的一种瓜类，南瓜中对人体的有益成分有多

青豆南瓜汤

糖、氨基酸、活性蛋白类、胡萝卜素及各种微量元素等，对养生极为有益。青豆富含不饱和脂酸和大豆磷脂，有保持血管弹性、健脑和防止脂肪形成的作用。

红军文化餐一：菜品有彝海结盟、强渡大渡河，十送红军、飞夺泸定桥、翻越夹金山、三军会师、映山红、爬雪山穿越大草地、笋子炒腊肉、坛坛肉、青豆南瓜汤（菜品可根据时节做适当调整，含七荤六素一汤）。

红军文化餐一

红军文化餐二：菜品有彝海结盟、十送红军、飞夺泸定桥、翻越夹金雪山、过草地、三军会师、穿越大草地、坛坛肉、南瓜汤、荞麦饼、玉米窝窝头、时蔬（菜品可

红军文化餐二

红军体验餐：菜品有爬雪山、冰天雪地、煮茄子、土豆、南瓜汤、玉米棒、烧辣椒、鸡蛋（菜品可根据时节做适当调整，如煮红薯、荞麦饼、玉米饼、时令野菜等，含一素一汤）。

红军体验餐

人　物

历史人物

石达开（1831—1863）　　广西贵县（今贵港）人，壮族，小名亚达，绰号石敢当。太平天国名将，近代中国著名的军事家、政治家、武学名家。初被封为"左军主将翼王"，天京事变时曾被封为"圣神电通军主将翼王"，军民尊为"义王"。石达开是太平天国最富有传奇色彩的人物之一。他16岁"被访出山"，19岁统率千军，20岁封王。有关他的民间传说遍布他生前转战过的大半个中国，著有《白龙洞诗刻》《五言告示》《驻军大定与苗胞欢宴即席赋诗》。1957年6月2日，石达开逃离天京，率部离京远走。

1863年5月14日黎明，石达开率众抵达大渡河西岸松林河南岸之紫打地。由于松林地土司王应元先前令各村寨坚壁清野，强逼紫打地百姓撤过松林河、大渡河，等到石达开兵至，场寨皆空，百姓逃匿，欲渡无船，石达开欲夺取松林河铁索桥越过松林河，数次组织将士猛攻，均遭土炮轰击失利。于是将人马扎于紫打地后山（现名营盘山）和上下坝，将有限粮草囤于马鞍山，并令士兵砍木造筏，力图渡越大渡河而离险境。是夜，大渡河、松林河水陡涨，石达开欲渡不能。之后又组织四次抢渡大渡河、三次强攻松林河都没成功。5月29日被岭承恩占领马鞍山，粮道遂绝。6月5日—6日，石达开隔河射书给王应元，要求罢兵让路和通商购粮，都遭拒绝。6月9日午刻，石达开率兵向南突围。6月10日凌晨，石达开再统领将士突围到利济堡，遭受到土司岭承恩、王应元前后夹击，形势非常严重，当天晚上，石达开深感大势已去，全军覆亡即在眼前，一面与家人诀别，任其王妃五人抱持幼子携手投河，一面决心用自己的生命换取跟随他多年南征北战、出生入死、宁死不屈的将士生命。石达开毅然挥笔致书四川总督骆秉章，要求以命舍三军。6月11日，石达开率幼儿石定忠等余众，从利济堡向洗马姑进发，到达洗马姑清营后，参将杨应刚将石达开父子等5人监禁，同时将随石达开的老弱军兵逐一审讯后遣散四千余人，其余的两千多名将士押往大树堡，被雅州知府蔡步钟全部斩杀。6月12日，石达开父子等5人被押解到成都，四川总督骆秉章会同四川省文武官员先后提审石达开4次，石受讯时，皆盘膝坐地上，从未下跪。6月25日，翼王石达开被凌迟于成都科甲巷，年仅32岁。

王应元　西番族（今藏族），清代松林地第六代土千户。同治二年（1863），太平军翼王石达开率军抵紫打地，王应元在其族叔辅佐通把王自盈的挑唆下，拒绝石达开的让道要求，拆毁松林河桥，配合骆秉章等清军围困石军，致使石达开军败被俘。清政府特予王"赏给世职"，颁换松林地土都司印信号纸，赏加副将衔，子孙承袭。光绪十二年（1886年），慈禧懿旨于紫光阁绘像备案。

张太勋（1887—1939.8.26）　字永燧，安顺场老街子人。幼时求学于汉源县宰骡河谢德堂先生门下，勤奋好学，成绩优异，深得老师器重。因父母相继辞世，中途辍学，一边劳动，一边自学，四书五经，无不涉猎，曾夜以继日地临摹颜柳欧书法。身高体健，英俊文雅，性情温和，平易近人，严于律己。爱好广泛，能诗能文，善画善写，每逢佳节，绘画彩灯窗帘、书写对联，大显身手。

清光绪三十一年（1905），张太勋应聘于安顺场观音庙私塾执教，学生32人。循循善诱，诲人不倦，深得学生家长信任、士绅好评。民国16年（1927），与赖秉权等人联名上书越西县政府，要求废除松林地土都司。获准后，将土都司财产做办学经费，兴办安顺小学（七襄农小学），担任教务主任，学生128人。言传身教，尽职尽责，被乡人称道。

张太勋兼任越西县西区公署委员和乡调解主任，处理民事纠纷，不偏不倚，说理评议，以理服人，人皆听从公断，深受乡人爱戴。

民国24年（1935）5月24日，中央红军北上过安顺场，刘伯承召他垂询地方山川历史民情，一一具答，并将亲绘所藏的一张河道七场和大渡河两岸山川交通地形图送交刘将军参阅。

民国25年（1936），越西重修县志，张太勋负责调查河道七场情况，不辞辛劳，踏遍河道山水，访问千家万户，广泛搜集大量资料，编撰越西西区调查草稿两万多字，送交县修志局备用；作有《紫打地三十年纪念》《雄金如意歌》；为赖秉权撰写《松林河铁索桥碑记》，总结安顺场名胜，列为六景：一是北山晴雪，二是东岭雨云，三是飞泉瀑布，四是福地洞天，五是长堤夜月，六是大渡熏风。

张太勋从事教育30多年，桃李满门，蜚声河道，男女老幼，皆知其名，尊称他为张二先生。民国28年（1939）8月26日因病逝世，终年52岁。

芶滴滴（1934—1964）　男，出生于安顺乡麂子坪白春树，白彝人。当地解放后，追求进步。1956年6月，石棉县少数民族地区进行民主改革，组织上选送芶滴滴参加短训班。他刻苦学习，成绩显著，加入了中国共产党。结业后，回乡担任村指导员。1958年任安顺人民公社副社长兼麂子坪大队党支部书记。1959年大办农业，他动员组织群众开垦荒坡地400多亩，改进耕作技术，粮食产量由原来的亩产百斤增至200多公斤；新辟放牧草场数百亩，发展畜牧业，全大队养羊从300多只增至1400多只，牛从40余头增至300余头，人民生活普遍提高。他不谋私利，秉公办事，凡要求群众做到的，自己首先做到；教育群众不干违法的事，如教育群众不能乱砍伐森林、不放火烧山等，自己住的房子简陋，找人帮助修整，也从未私砍树木。群众对他十分敬重，只要他认定要干的事，都积极参加。1962年带领群众在小水河上架起一座木桥，从麂子坪至泥巴厂修了一条1公里长的大车道。因积劳成疾，1964年病逝。

张国华（1887—1975）　字子平，四川省华阳县人，医务世家出身。青少年时入私塾，后考入储才中学。清光绪三十三年（1907）弃学从医，由祖父、父亲传授医术，又拜吴寿春为师，学数年，应考合格，政府准其挂牌开业行医。民国10年（1921）到越西县大树堡行医兼任小学教师。民国24年（1935）5月，中央红军长征过安顺场，他为红军指战员看病疗伤，并自制膏药为腰、脚患者敷治。

张国华的行医宗旨和做人准则：志诚不忘本，万诚则万灵，心存济世，普救人民。为了提高医术，他广搜民间验方、秘方，积存四本，计数百条。

中华人民共和国成立后，他曾进省中医进修学校学习。1956年出席全省中医经验交流会，献出家传秘方。20世纪60年代被选为第四、五届县人大代表。卫生科长见他年迈体衰，限制他每天看病人次，但他见人等候，仍坚持看完上门的病人。1975年逝世，终年88岁。

赖华（1918.6—1987.8.14）　原名赖鑫有，赖执中长子，安顺乡安顺村人。中共党员，大校军衔，曾任中国人民志愿军21军61师副政委、南京军事学院政治教授、南京钢铁厂厂长、江苏省冶山铁矿党委书记、南京市委党校党委书记等职。

赖华生于1918年6月，4岁丧母，从小由祖母带大，祖母宽厚仁慈的品质对他一生的影响非常大。他性情温和，学习勤奋。1930年，刚满12岁的赖华在本乡高小毕业后被送到成都考入华阳中学，打下了较好的文化基础。1934年，初中毕业后考入南京第一师范学校，受到进步思想影响。1937年抗日战争爆发，南京相继沦陷，追求革命的赖华面对国难当头，毅然投笔从戎，由八路军汉口办事处送往山西临汾，到彭雪枫领导的八路军学兵队当学兵，从此步入军旅生涯。学兵队一毕业，就被分配到新四军政治部工作，后又被派去61师政治部任宣传队长。赖华思想要求进步，工作表现突出，1939年加入中国共产党。一年后，调到61师181团任连指导员。在敌后抗日游击战争中，历任营教导员、团政治处主任、团副政委。抗日战争胜利后，调任61师183团政委。解放战争中，同团长一道率部在江苏、安徽一带与国民党军队作战，后奉命参加著名的孟良崮战役。百万雄师强渡长江后，赖华任21军61师政治部主任。1951年抗美援朝，赖华任21军61师副政委，在朝鲜元山一带抗击美国侵略军。1953年美朝双方停战后，赖华随军回国，被调入南京军事学院任政治教授。1955年全军实行军衔制，授予赖华大校军衔。1959年南京军事学院停办，赖华服从工作需要，转业到地方工作，在南京钢铁厂任厂长，结束了整整22年的军旅生涯。1966年受"文化大革命"冲击，

停职劳动到1974年，复职后任江苏省冶山铁矿党委书记。1981年调任南京市委党校党委书记。1985年离休后任南京市政协委员。

赖华一生光明磊落，艰苦奋斗。他生活俭朴，为官清廉，当了几十年的高级干部，留下的遗物只有部队发的一套高干礼服和一套黄呢军装。他立场坚定，对党忠诚，不计较个人得失，因家庭出身关系，在新四军工作时曾被打成"托派分子""AB团"成员，"文化大革命"期间又遭到不公正对待，被停职劳动8年，但他对党深信不疑，坚信党终将会还历史的本来面目。

1987年8月14日，赖华在南京病逝，享年69岁。

赖华去世后，江苏省委组织部、南京市委、南京市政协、南京钢铁厂、江苏省冶山铁矿、南京市委党校、21军军部和他原来所在的师、团都送了花圈、挽联，社会各界代表400多人参加追悼大会。有挽联为他写道："奋斗一生经历烽火功煊赫，坎坷半世饱尝风霜志益坚""发扬传统艰苦朴素素质好，联系群众平易近人人品高"。

龚万才（1903.7.20—1992.11.30）　安顺乡安顺村四组人，中国工农红军强渡大渡河第二船船工，石棉县第一、第二届政协委员。

1935年5月25日，红军强渡大渡河第一船返回南岸后，龚万才和几个船工立即登上渡船，冒着生命危险，把红一团一营营长孙继先和他率领的8名机枪手安全送往北岸，与第一批上岸的战士一道占领了北岸渡口。此后七天，船工陆续增加到70多人，船工们分成四班，人歇船不停地日夜摆渡。当年的龚万才正三十出头，身体高大硬朗。他不顾疲劳，坚持驾船摆渡红军过河，直到红军取得强渡大渡河的彻底胜利。

当地解放后，龚万才发扬红军精神，诚实劳动，艰苦创业，积极参加社会主义建设。他对人热心，关爱下一代，经常向青少年讲述红军强渡大渡河的故事，为革命传统教育做了许多工作，深受人们敬重。

1983年6月8日，龚万才和韦崇德应邀参加红一师召开的全师英模事迹报告大会，红一师还聘请他俩当顾问，帮助编写当年红军强渡大渡河的历史。6月13日，时任中国人民解放军总参谋长的杨得志在北京接见龚万才和韦崇德，同年杨成武将军在安顺场看望了他。

1992年11月30日，龚万才因病去世，享年89岁。

帅仕高（1916.12.11—1995.12.13）　安顺乡安顺村六组人，中国工农红军强渡大渡河首船船工。

1935年5月25日上午9时，杨得志团长一声令下，帅仕高和其他七位船工摆渡十七勇士乘坐的翘首木船，冒着敌人的炮火，迎着汹涌的波涛，一颠一簸地向对岸划去。突然，一发炮弹落在船边，击起一个水柱，小船剧烈晃荡起来，帅仕高同船工们奋力平稳渡船，继续划向对岸。当渡船穿过河心，快接近尖石包靠岸时，不幸被急流冲到桃子湾撞在一个大礁石上，就在船快要翻的瞬间，帅仕高与三位船工奋不顾身跳入河中拼命地用背顶着船，另外四个船工在船上用篙杆尽力撑着，船刚一靠近岸边，十七勇士就跃身上岸，一排手榴弹，一阵冲锋枪，把冲下来的敌人打垮了，敌人见势不妙，溃败逃走，勇士们乘机占领渡口工事，强渡一举成功。在以后的七天里，帅仕高和船工们一起，不顾疲劳，一船一船地把一军团第一师和干部团全部摆渡送过大渡河，取得了红军强渡大渡河的伟大胜利。帅仕高和他的船友们功不可没，同红军一道载入中国革命史册。

帅仕高坚守自己的记忆，不忘当年红军强渡大渡河的伟大壮举。当地解放后，他随时给家乡后人讲述红军强渡大渡河的故事，经常应邀去学校、工厂、机关报告红军强渡大渡河的事迹，多次接受新闻媒体采访，向中外来客传颂红军精神。

1966年3月25日，彭德怀在视察四川石棉矿的最后一天接见了帅仕高。时任中国人民解放军总参谋长杨得志，于1983年8月4日嘱托红一师给帅仕高等4个老船工邮寄部队军用大衣。

帅仕高于1995年12月13日病逝，享年79岁。县政府为他召开了追悼会，1000多名干部群众参加。

人物录

强渡大渡河十七勇士名录

一营二连连长	熊尚林
二排排长	罗会明
三排排长	刘长发
四班班长	郭世苍
副班长	张表克　张成球
战斗员	肖桂兰　朱祥云　谢良明　丁流民　陈万清　张桂成
	肖汉尧　王华亭　廖洪山　赖秋发　曾先吉

强渡大渡河船工名录（强渡中翻一船，加*者表示渡河时牺牲）

王国兵	徐有才	张国明	*刘元清	韦成仁	谢银安	*宋明清
石清云	戴斌武	赖先忠	*郑金安	李正云	王国顷	王国远
*姚贵友	李正风	王国俊	王福有	石清意	李树全	戈美元
邓成明	王有论	贺玉轩	帅士高	李云清	杨德录	刘学伸
李正银	李光忠	张木匠	李品轩	李绍忠	李炳烦	郑本元
余德才	吴定安	余德富	徐正轩	杨八顷	余焕堂	杨文有

龚万福	张明玉	杨怀有	张子云	蒋希彬	郑守安	张万成
李正良	王兴仁	姜洪富	张官甫	李正强	王国贵	赖先云
徐世成	余正如	韦崇德	王志长	龚万才	何廷松	刘学品
王国富	赖忠富	周天元	李正月	兰洪发	陈一金	张学三
李正富	刘　笨	*余正论	郑必新	李树轩	李正录	刘老七

艺 文

快板（音乐）

乘风破浪名留史

合：不怕吃苦、不怕困难、忠于革命、无私奉献！

合：红军不怕远征难，万水千山只等闲，吼一个，快马加鞭未下鞍，唱一盘，蹈海翻江卷巨澜。

女：道道防线都突破，势如破竹谁人挡！

男：数一数，盘一盘，桩桩件件名流传，夺了胜利为革命历史谱新篇。

合：舍生忘死、团结一致，备战，作战！

英勇顽强、坚韧不拔、不畏风雨，穿云又过山！

挺进湘西，冲破封锁，改向贵州，夺取遵义，四渡赤水，跳出包围，

强渡大渡河，强渡大渡河！

毛主席，真英明，主题主线指航程，党的政策部署好，作战能力整体全面大提高，大提高，胜利多，人人都想争着说。

男：我先说。

女：我先说。

男：我先说。

女：我先说。

男：我先……

女：我先，我先，我先！

男：好吧！女士优先！

女：让咱先，咱就先，共话长征忆昔年，朝朝塞北望江南，行踪奇正敌围破，捷报迅传逾朔漠，义诗响应度阴山，此生留得豪情在，再作长征岂畏难。

合：要学习的不仅是红军战士的战斗力，还有那不畏万难的革命意志和党性。

男：天幕长风起雪夜，酷暑烈日暴雨季，短粮缺水不畏惧，所向披靡扫敌骑，无
　　坚不摧是红军，统一人民救中国。

合：道道利刃刺破天。

女：红军渡过金沙江，伯承将军彝海结盟小叶丹，共产党，政策好，互帮互助团
　　结友爱赢得称赞真不少，彝族同胞激动不已，竖起了大拇哥！

男：（乖乖，民族团结才是革命胜利的保障啊！）

合：学习红军的团结与互助。

男：红军精神了不起，赢得同胞真信任，放下锄头踊参军。

女：红军精神真神气，革命抗战夺胜利，（哈哈）节节胜利把功记。

合：敢于吃苦，不屈不挠，压倒一切困难和艰险；
　　顾全大局，亲密友爱，民族团结一家亲，
　　胜利，胜利，勇夺胜利！

女：党的政策深入彝民心，熟路又轻车，顺利护送过彝区，
　　五月二十四日抵达马鞍山，天堑大渡河拦住了红军的长征路。

男：前有川军阀刘文辉，后有薛岳和吴奇伟，
　　敌军断定翅难飞，妄图再出现"石达开"。

女：红一团先遣队，勇挑担子峥嵘显。

男：渡河压力别小看，长征以来数第一。

合：壮志豪情太平军，历史留憾在天险；
　　强团勇兵谁能比，迎难而上不放弃，

女：敌军两连为防守，毁坏抢走渡河船；
　　军营留一船，渡河必需品。

男：对岸驻敌一个团，团部设在苏家坪；
　　夺船渡河当务急，刻不容缓连成气。

合：刘、聂首长急下任务，制定作战新方案，
　　特别指示此战关乎红军战士生命数万计，
　　战胜困难、完成任务打开长征胜利路。

女：战士急、号角吹，一团更是决心定。

男：任务使命为牵引，强渡天险为中心。

女：战士齐集斗志昂，分工明确雨夜行。

男：得志黎林尹国赤，各带一营勇前进。

合：遇敌快刀斩乱麻，安顺场受敌毫无戒备交锋我军三个营。

女：尖刀排，三十分钟交战打倒敌军两个连。

男：愤怒的枪响火舌四起盖过河水咆哮声。

女：一营九牛二虎费力缴获翘首船。

男：心欢喜，仍焦虑，仅有一条船，渡河且艰辛。

女：对岸高山连绵起，湍急河面三百米，

　　地形复杂任务重，没有船工礁石白浪是两大难题。

男：凫水架桥行不通，希望归于翘首船，

　　当即下令去找船工，天亮已有十几位。

女：组织渡河奋勇队，战士踊跃把名报，

　　孙营长却犯了愁，为难当选谁参加。

　　时间急来任务重，提议集中一个连，

　　二连组成渡河队，振作精神待出发。

合：战士英勇又奉献，革命胜利在前方。

合：翘首船只容量小，战士只能载八名，

　　鼓声激烈船离岸，势必压敌盛气焰，

　　船工齐力向前划，丧心敌军怒开火。

女：神勇炮手赵章成，敌军碉堡炸开花。

男：惊涛拍浪船摇晃，越过了巨浪又躲过枪林和弹雨。

女：战士上渡船后原地猛打转，危若朝露急关头，千钧一发时。

合：船工奋起跳涌流，铆足全劲背顶船，船上船工竹篙撑，

　　体力水性相配合生死攸关燃眉急，迎难而上顽强搏斗不放弃。

　　矢志又不渝，终化险为夷。

合：敌营又现新势力，我军披荆又斩棘；

　　机枪扫射快准狠，有一个，打一个！敌军溃退四处窜。

男：手榴弹、冲锋枪，勇击敌军为二船杀通道。

女：第二船勇士紧紧赶上，果敢又英勇，无坚不摧密配合。

男：顷刻间，太平军梦碎，川军计未逞，亮剑锋刀齐声怒吼战胜敌。

合：大渡河，奔涌去，十七勇士临危不惧，

　　安顺场，名飞扬，是红军战斗的胜利场。

　　绿原无垠漫风烟，蓬高没膝步泥潭；

　　野菜水煮果腹暖，干草火烧驱夜寒；

　　随意坐地堪露宿，卧看行云逐浪翻；

　　帐幕席茵刀枪枕，谈笑低吟道明天。

【画外音】"同志们，用我们铁的红军、无坚不摧、战无不胜的勇敢精神，扫平一切当前敌人，红军精神根植进我们的骨髓，我们要谱写更加灿烂辉煌的历史。"

合：向红军战士们学习，将革命精神传下去，

　　不怕吃苦，不怕困难，忠于革命，无私奉献。

　　乘风破浪名留史。

又见索玛红艳艳

（纪念中国工农红军长征"强渡大渡河"胜利80周年）

1=D 2/4

♩=85 抒情地

赵大国 词
张艺凡 曲

（6. 3 | 2 3. | 6. 2 | 1 2. | 7 7 5 3 | 5 6 7 6 |

6 - | 6 -) | 3 1 2 3. | 3. 2 | 3 1 2 2 3 | 6. - |

难忘那一　段　呀一段彝海情　缘，
好一　条　呀红军路种下梦　幻，

3 6 6 | 5 6 3 | 1 6 2 3 | 3 - | 3 1 2 3. | 3. 2 |

索玛花引路到大渡河边。　红色的花朵
索玛花迎风含笑舞翩跹。　红色的旗帜

3 1 2 1 3 | 2 - | 3 3 2 3 | 5 3. 3 5 | 7 7 5 6. | 6 - |

点亮红色信念，十七勇士强渡天险动地感天！
映红彝家心愿，长征精神千古流芳万代传！

6 - | 6 3 3 6 | 2. 3 | 1 6 2 1 2 | 6 - | 1 2 6 1 |

一首壮　歌昨天唱到今　天，又见索玛
一座丰碑巍然耸立天地　间，遍地索玛

2 1 6 | 2 2 | 1 2 | 3 - | 6 3 3 6 | 1 2 3 | 2 6 1 3. |

花开满红色江　山。红色的故事迷醉多少诗
花怒放更加娇　艳。山河无言把感动藏在心

2 - |1. 7 7 7 5 3 | 0 6 | 5 5 6 2 3 | 3 6. | 6 - : |

篇，　光荣与梦想　把新时代烂　漫。
间，

2. 7. 7 5 3 3 | 3 0 6 6 | 5 5 6 2 3 | 6 - | 6 - |结束句. 7. 7 5 3 3 | 3 0 6 6 |

共圆中国梦　同绘一幅新画卷。D.S. 共圆中国梦　同绘

5 5 6 2 3 | 6 - | 6 - | 7. 7 5 3 3 | 3 0 6 6 | 5 5 6 2 3 | 3 - | 3 - |

一幅新画卷。共圆中国梦　同绘一幅新画卷。

渐慢

诗 歌

安顺场怀古

■文/马负诚（四川雅安）

大渡河边安顺场，依山傍水美山乡；

翼王遗恨憾千古，强渡红军誉永扬。

参观石棉县红军强渡大渡河纪念馆

■文/马负诚（四川雅安）

八十年前苦鏖兵，中华大地几浮沉；

天若有情天未老，而今此处乐升平！

今日安顺场

■文/马负诚（四川雅安）

白墙灰瓦石街平，大渡河边小镇新；

灾后重修规划好，家家枇比太阳能！

石棉安顺场

■文/萧炬（成都）

翼王衔恨地，未肯付流波；

丧国偏师泪，凝哀大渡河。

红军舒笑傲，青史演欢歌；

小镇今重建，风光正打磨。

参观石棉大渡河展览馆有感

■文/刘远定（四川雅安）

当年征战苦鏖兵，百孔神州几欲沉；

胜负难凭刀剑说，民心背向定输赢。

安顺场感怀

■文/岳平（四川雅安）

沫水飞流奔石棉，万山雄秀裹苍烟；
常念翼王悲壮事，缅怀红军安顺缘。

安顺场

■文/张培纪（四川汉源）

震天军号雨风狂，浪遏飞舟勇士强；
血沃中华肥劲草，承平犹念安顺场。

安顺场怀古

■文/刘耀康（四川雅安）

红军万里过彝乡，将士抢夺安顺场；
北渡奈何船只少，西征挽救大军亡。
翼王转战终覆灭，毛帅指挥有妙方；
安顺场中怀旧迹，青山肃穆水沧沧。

赞抢渡大渡河勇士

■文/熊永明（湖北麻城）

一

红军北上挽危亡，播种宣传到顺场；
大渡河深拦不住，无私勇士永留光。

二

昔日红军过石棉，奔腾大渡浪滔天；
匪军对岸枪声骤，勇士飞舟杀敌顽。
跃上堡头擒敌首，长征北上过难关；
而今续写开新宇，奋进石棉写新篇。

木船颂

■文/熊光斗（四川雅安）

红军坐过小木船，大渡河边把敌歼；
渡口就在安顺场，红色旅游好景点。

安顺场历史见证

■文/雨依桐

石棉县的安顺场渡口

闪耀着工农红军

强渡大渡河的纪念碑

微风追着小鸟，四处逛逛

苍松翠柏挺拔着，红军战士的头像簇拥着

邓小平同志的题词肃穆里撑起一片阴凉

渡口遗址处的陈列室

兵器、马灯、图片

还有老一辈革命家的题词

依次摆列着的浓浓战火味

浓浓的，滚滚烽烟。

红军头像

■文/张玉才（四川石棉）

面对执着的你

我无话可说

静默地看镌刻在石头上的誓言

足以让我血液激动起来

阳光移动你身体

再现你当年战敌的情景

阳光洒满你军服

折射出你的籍贯姓名

——中国工农红军

以上诗歌均发表于《雅韵杂志社》2013年第3期（总第66期）

传　说

火把节的传说：每年农历六月二十四日的彝族"火把节"，是彝族民间文学的重要组成部分。传说种种，谁是谁非，说法不一，谁也无法说清，也无法统一。

传说一

在很久很久以前，有一天，玉皇大帝出巡来到南天门，无意中往下一看，简直出乎想象。只见人间春光明媚，鸟语花香，男耕女织，和睦相处。玉皇大帝妒忌人间比天庭还好，便命令大火神去把人间烧掉。

大火神奉命而去，当他来到人间时，看见人间果然比天庭好，人们生活幸福，不忍心烧掉，转了一圈回天庭向玉皇谎报说："人间已经被烧掉了。"

又过了几天，玉皇大帝派二火神去人间视察。二火神看到人间的情形，回天庭向玉帝报告说："人间还是原样。"玉帝大怒，即斩了大火神，让二火神再去烧掉人间。

第二天，二火神来到人间一看，到处都是那样美好，也不忍亲自动手烧毁，但玉帝之命不可违，于是就叫人们自己放火烧。人们怎能自己动手烧掉亲手建立起来的家园呢？有个聪明的人想了个办法，让大家点起火把，顿时火把连成一片火海，玉帝在天空看见，以为人间已被烧毁，放心而归。二火神来到人间正是六月二十四日这天晚上，从此每年农历的这天晚上，大小凉山都点火把纪念。

传说二

在四川省一个彝族村寨里，居住着许多户彝民，头人叫布拉布克，他种庄稼是一把好手，全寨子人都听他的话，年年都得到丰收，家家户户粮食都装得满满的。

有一年庄稼成熟的时候，布拉布克看见庄稼比往年长得好，很是欢喜，就给妻子说："摆酒摆肉，让全村人欢喜欢喜。"

酒肉摆好了，全村人都来了，大家欢天喜地地吃啊，唱啊，跳啊，一直狂欢到三更，众人才散去。布拉布克也喝得大醉，回到屋里就睡得很香。半夜做了一个梦，在一个仙境般的山洞里，有一个很漂亮的阿米子（女青年）笑眯眯地向他走来，说："不要丰收了就吃酒吃肉，收成不好的年头咋个办？"布拉布克听了很吃惊，拉着阿米子说："那咋个办呢？"阿米子说："有个老妖魔很恨你们，它要把全山的蝗虫派下山，吃光你们的庄稼。"说完转身离去。布拉布克惊醒了，回想起来，要信，是一个梦，要不信，又活灵活现。

没过几天，一个老莫苏（老头子）说："不好了，庄稼被蝗虫吃光了。"布拉布克说："我们大家去打。"走到野外一看，密密麻麻，田头、地上、树上、禾苗上到处都是，满天飞舞，不管怎么打，越打越多。最终，庄稼被吃完，树叶、草也吃光，当年收成全无。

第二年，禾苗长起来后，蝗虫又到处飞舞，吃光禾苗，布拉布克请来毕摩（祭师），杀一只大公鸡和短口嘴一头猪（据说彝族短口嘴就是布拉布克遗留下来的），毕摩念了咒语，做了法事，还是没把蝗虫收拾住。一夜，布拉布克合上眼，那位美丽的阿米子又来对他说："聪明的主人，你怎么一时糊涂啊，火有什么用？"说完转身离去。

第二天，他喊老莫苏召集全村人商量，要大家准备干草、干柴、干箭竹堆放在蝗虫经常出没的地方，又用竹箭扎成很大的火把，火把里放一些炒得很香的干粮。晚上，一些人点燃火堆，一些人点着火把在田间舞动，蝗虫闻着香气，飞来就投在火上被烧死，无数的火堆、火把烧死了所有蝗虫。

火烧蝗虫的日子恰好是农历六月二十四日，以后一代一代传下来，就形成了每年农历六月二十四日的"火把节"。

参考资料

【志书文献】 《石棉县志（1952—1985）》（石棉县地方志编纂委员会编）、《石棉县志（1986—2000）》（石棉县地方志编纂委员会编）、《石棉简志（1952—2012）》（石棉县人民政府编）、《越西县志（1950—1991）》（越西县地方志编纂委员会编）、《冕宁县志（1950—1990）》（冕宁县地方志编纂委员会编）、《汉源县志（1950—1985）》（汉源县地方志编纂委员会编）、《锦江区志（1991—2005）》（锦江区地方志编纂委员会编）、《安顺彝族乡志（1952—2000）》（安顺乡人民政府编）、《先锋藏族乡志（1952—2000）》（先锋藏族乡人民政府编）、《新民藏族彝族乡志（1952—2000）》（新民藏族彝族乡人民政府编）、《田湾彝族乡志（1952—2000）》（田湾彝族乡人民政府编）、《草科藏族乡志（1952—2000）》（草科藏族乡人民政府编）、《蟹螺藏族乡志（1952—2000）》（蟹螺藏族乡人民政府）、《中共石棉县委志（1952—2000）》（中共石棉县委办公室编）、《石棉县人民政府志（1950—2000）》（石棉县人民政府办公室编）、《石棉县教育志（1952—2000）》（石棉县教育局编）、《石棉县移民工作志（1991—2012）》（石棉县扶贫移民工作局编）、《汶川特大地震石棉县抗震救灾志》（石棉县地方志编纂委员会编）、《芦山强烈地震石棉县抗震救灾志》（石棉县地方志编纂委员会编）。

【地情资料文献】 《奋进跨越（1952—2012）》（中共石棉县委、石棉县人民政府编）、《石棉县大事记（1952—2006）》（中共石棉县委、石棉县人民政府编）、《四川旅游——藏族走廊·阳光石棉》（四川省旅游协会编）、《舌尖上的石棉》（石棉县旅游协会、四川读者报社有限公司编）、《石棉县文化》（石棉县文学艺术界联合会、石棉县文化馆编）、《石棉县知青史料》（石棉县政协文史委编）、《红军餐·菜谱》（石棉县旅游局编）、《船工帅仕高回忆讲话》（戈基固）、《从西昌坝子到安顺场》（文彬）、《安顺场调查记录（四）川访刘金福》（樊昭荣、张费尘）、《新场三墩调查记录》（承文强、樊昭荣、张弗尘）、《安顺调查记录（五）访杨张氏》（樊昭荣、戈基固、樊昭荣、承文强）、《紫打地——安顺场》（张弗尘）、《石棉县文史资料》（石棉县地方志办公室编）。

【其他】 《石达开新论》（史式）、《关于石达开大渡河覆败的真相》（王庆成）、《从大渡河到夹金山》（中共雅安市委党史研究室编）、《四川省革命遗址通览（第6册）》（中共四川省委党史研究室、中共雅安市委党研究室编）、《锦江街卷》（锦江区地方志编纂委员会办公室编）、《锦江记忆》（锦江区地方志编纂委员会办公室编）、《强渡大渡河》（杨得志）、《强渡大河渡》（孙继先）、《强渡大渡河战斗的回忆》（邓飞）、《向安顺场的英雄船工致敬》（萧华）、《雅韵杂志》（2013）第3期。

后　记

　　《安顺彝族乡志（1952—2015）》是雅安市第一部省级历史文化名镇志，它的出版问世，是我县社会主义文化建设的又一重大成果，它为人们更快更好地了解、研究安顺的发展历程提供了基础性资料，是一部弘扬红军文化、激发爱国爱乡情怀、具有"存史、教化、资治"重要作用的乡志。

　　关于《安顺彝族乡志（1952—2015）》的编纂工作：2015年9月成立编纂委员会，设立编辑部，由安顺彝族乡人民政府组织编纂，石棉县地方志工作办公室负责编写指导。《安顺彝族乡志（1952—2015）》采用条目体例，横排分类，纵述史实，综合应用述、记、志、图、传、录等各种体裁，客观、系统、实事求是地记载安顺的自然、经济、政治、文化、社会等发展历程，做到科学性、地方性、实用性、可读性相统一。

　　在编纂过程中，全体编纂工作人员克服重重困难，辛勤笔耕，精益求精；同时，得到市地方志主管部门领导及专家的悉心指导，得到县委办、县人大常委会办公室、县政府办、县政协办、县委宣传部、县林业局、县农业局、县民宗局、县文体广局、县旅游局、县文化馆、县安顺场红军纪念馆、县国土资源局、县畜牧局、县教育局、县统计局、县卫计局、县民政局、县发改局、县工业园区管委会、县水务局、县规建和住房保障局等单位、部门的大力支持，在此，一并表示感谢。

　　由于时间跨度很大，有些资料难以收集，加之编纂时间紧、任务重以及编纂人员能力、水平等因素，书中不足、错漏之处在所难免，敬请读者斧正。

《安顺彝族乡志（1952—2015）》编纂委员会

2017年10月2日